U0916239

LAOBEIJING DE CHUANSHUO

老北京的传说

徐　杰◎编著

天津出版传媒集团
天津人民出版社

图书在版编目（CIP）数据

老北京的传说 / 徐杰编著 . -- 天津 : 天津人民出版社, 2019.10（2021.11重印）
ISBN 978-7-201-13966-1

Ⅰ. ①老… Ⅱ. ①徐… Ⅲ. ①北京—地方史—通俗读物 Ⅳ. ① K291-49

中国版本图书馆 CIP 数据核字 (2019) 第 190077 号

老北京的传说
LAOBEIJING DE CHUANSHUO

出　　版　天津人民出版社
出 版 人　刘　庆
地　　址　天津市和平区西康路35号康岳大厦
邮政编码　300051
邮购电话　（022）23332469
电子邮箱　reader@tjrmcbs.com

责任编辑　李　荣
特约编辑：季　洁
装帧设计　同人阁 · 文化传媒

制版印刷　香河县宏润印刷有限公司
经　　销　新华书店
开　　本　787毫米×1092毫米　1/16
印　　张　14.5
字　　数　222千字
版次印次　2019年10月第1版　2021年11月第2次印刷
定　　价　38.00元

前言

相信大家对北京都不陌生，它不仅是我国的首都，还是一座充满艺术气息和文化底蕴的古城，历史颇为悠久，是燕、辽、金、元、明、清六个朝代的都城，是名副其实的六朝古都。

文化的传承，和一个地区的传说有着莫大的关系，史书的厚重丝毫不影响传说故事的天马行空和思绪飞扬，一个个传说就像厚重史书页脚上的注释，为人们讲述着或喜、或悲、或家喻户晓、或鲜为人知的真假难辨的生动故事，描绘着、刻画着史书以外的“平行世界”。

来到北京的人都会被那些奇怪的地名吸引了目光，就好像古时候的每一条街巷、每一条胡同、每一座城门、每一段城墙、每一座寺院都是活着的，努力地掩藏着它们的过去和流言。不过，这些都是徒劳的，好奇心旺盛的人们往往会查阅资料，品味每一段亦真亦假的“历史”——当然，这些历史究竟是真是假，在他们看来是没有什么区别的。

北京是一个繁华的城市，和上海、广州以及深圳合称“北上广深”，地位可见一斑。当然，这并不是吸引人们来此游玩、来此定居、来此拼搏奋斗的全部原因。北京市区很大，郊区更大，有山有水，放松休闲的地方数不胜数，并且，周边的一些小村镇同样被厚重的历史刻满了传说，在游玩之时，发掘其中的奥秘同样能够调动旅客们的积极性。

经历过重重战火，经历过世间繁华，也经历过萧条落寞，在时间浪涛的拍打下，由历史刻在北京这片地区内的那些文字逐渐模糊不清，化作记忆的碎片随风而逝，如果不采取一些小小的措施，这些传说浮雕终将在历

史长河中磨去，正如流传几千年的史书，即使它保存得再完好，它的边缘也逃脱不了泛黄、腐烂的命运，而这些传说，正是刻在史书边缘上的那些文字。

于是，在这种大前提下，《老北京的传说》出现了。

它像最有技术的图书修补匠，将泛黄、腐烂的边边角角重新修补填充，小心翼翼地书写着几乎被人遗忘的故事；

它又像最敬业的导游，滔滔不绝地诉说着北京城曾经的辉煌和传奇；

它还像说几句话喝一口茶的职业说书人，用最朴素、最接地气的语言讲述着曾经的一切。

希望这本书能够带着读者回到老北京，品味这些“亦真亦假”的故事。

目　录

第一章　地名与胡同

智修北京城……2
八臂哪吒城……5
王府井的传说……8
三青走到卢沟桥……11
北新桥的传说……14
瓮山……17
牛战村和虎头村……21
辟才胡同……24
凤凰墩的传说……28
瓮娘娘坟……30
公主坟的传说……32
模式口……35
玉泉山的宝塔……37
马村的由来……40
八宝山的宝贝……43
鲤鱼胡同……45
砖楼村的来历……47

诸葛营……48
朝宗桥……50
教子胡同……52
桑马房的传说……54
黑龙潭……55
万花娘娘的传说……58
谐音避祸……60
回龙观的传说……62
燕儿岭……64
朱脑村的由来……66
驴房村……68
善台子村的来历……70
酒仙桥的传说……72
菜市口与鹤年堂……74
如意门……76

第二章　人物与逸事

高亮赶水……80
康熙私访蜜香居……84
康熙赐福……86
慧眼抚育英才……89
乾隆逛西堤……92
孟姜女哭长城……94
张华的传说……96
慈禧题金匾……98
乡村御医……100
郑板桥题画……102
李莲英献葬品……104
张道台访查料垛……106

溥仪锯门槛…………………………………………………………………… 108
乾隆征字………………………………………………………………………… 110
年山子与年羹尧………………………………………………………………… 112
铸钟娘娘………………………………………………………………………… 114
刘墉参乾隆……………………………………………………………………… 116
落泪的旗杆……………………………………………………………………… 118
光绪题金匾……………………………………………………………………… 120
卖宫门的王爷…………………………………………………………………… 122
洪承畴的逸闻…………………………………………………………………… 125

第三章　桥梁与建筑

蜜井与重檐阁…………………………………………………………………… 128
太和殿的龙……………………………………………………………………… 131
八达岭的北三楼………………………………………………………………… 133
半山亭…………………………………………………………………………… 135
佛香阁…………………………………………………………………………… 137
永陵的琉璃瓦…………………………………………………………………… 139
没有钩儿的门…………………………………………………………………… 141
华表的来历……………………………………………………………………… 143
卖蝈蝈笼子……………………………………………………………………… 145
苏州街和泉宗庙………………………………………………………………… 147
定城砖的传说…………………………………………………………………… 149
天安门狮子……………………………………………………………………… 151
望京楼和条石坳………………………………………………………………… 153
玉带桥的来历…………………………………………………………………… 155
铁影壁…………………………………………………………………………… 157
上方寺和下方寺………………………………………………………………… 159
定陵月亮碑……………………………………………………………………… 161
过街楼的传说…………………………………………………………………… 163

做样楼的东直门…………………………………………………………… 165
十七孔桥……………………………………………………………………… 167
故宫的宫殿…………………………………………………………………… 169

第四章　古迹与饮食

蜈蚣井……………………………………………………………………… 172
摔龙石……………………………………………………………………… 174
相思岭的传说……………………………………………………………… 176
香炉峰的传说……………………………………………………………… 178
满井………………………………………………………………………… 179
西便群羊的传说…………………………………………………………… 182
倒影庙的传说……………………………………………………………… 185
挪钟………………………………………………………………………… 187
八里长桥不免桅…………………………………………………………… 189
断虹桥的石猴……………………………………………………………… 191
神路街……………………………………………………………………… 193
西山晴雪…………………………………………………………………… 195
郑王坟的来历……………………………………………………………… 197
香山的传说………………………………………………………………… 198
四眼井……………………………………………………………………… 200
寿龟与铜牛………………………………………………………………… 202
钓鱼台的传说……………………………………………………………… 204
灶君庙前的铁狮子………………………………………………………… 206
锔白塔的传说……………………………………………………………… 208
黑猴儿……………………………………………………………………… 210
捏面人的来历……………………………………………………………… 213
烧卖的传说　……………………………………………………………… 216
饹炸盒……………………………………………………………………… 218
艾窝窝……………………………………………………………………… 220

第一章　地名与胡同

智修北京城

燕王朱棣从侄子的手里夺得皇位后，为了维护北方的安全，不让逃到北方草原的元朝人南侵，便打算把京城从南京迁到北方来，在北方重建一座京城。于是，他找来了大臣刘伯温，让他看看京城应该建在北方的什么地方。

刘伯温是一位足智多谋的人，闻听朱棣要在北方建一座新的京城，想了一下便说道："皇上，我看这件事让大将军徐达去办最好，不如把他找来我们共同商量。"

朱棣

朱棣当即命人找来了徐达。徐达一到，刘伯温就对徐达说：“皇上打算在北方修建新京城，你是天生神力之人，依我看，你不如向北射一箭，射到哪里，我们就在哪里建新京。”

徐达现在才明白叫自己来是为了什么，于是他迅速走出大殿，弯弓向北方射了一箭。刘伯温见徐达射出了箭，马上就和几个人坐上了船，沿着运河向北追赶。

徐达的力气果然如神一般，这一箭的确有点远，飞到距离北京城南二十里的南苑处才停了下来，戳在了地面中。

当时，有八个土财主在南苑这里住着，他们发现这支箭之后大惊失色，心想如果在这里建新京，自家的房和地就会被皇帝征用，自己就会直接破产，因此他们一同制定了一个计划，找来了一个力气同样很大的人，将这支箭继续向北射，越远越好。

这个长工力气果然很大，这一箭射出之后，落在了如今后门桥这块地方。当时的后门桥下边有一块刻了“北京城”三字的石碑，这块碑正好立在落箭的地方。

刘伯温计算出箭大概会落在南苑这个位置，但是当他追过来后，却没有见到那支箭，因此便把当地居住的八个土财主叫了来，询问箭支的事情。财主们深知刘伯温的神通，知道自己做的事情应该瞒不住，所以就向刘伯温坦白了，并说：“不论什么条件，只要不在我们这里建新京就行！希望刘先生能够理解我们。”

刘伯温思索片刻后说道：“如此也好，不过修建京城的钱需要你们来付。”

土财主们认为自己腰缠万贯，修建一座京城不在话下，只要有地，钱就还可以再赚，因此，这八个土财主立即同意了刘伯温的要求。

北京城动工后，最先进行建造的是西直门的城楼，这一工程耗资巨大，还没有修建完毕，这八个土财主就已经身无分文了。不过，京城的建造工作是不能中止的，因此刘伯温只能继续想办法。他推演了一下之后马上派手下去寻找一个名叫沈万三的人，不出几日，手下们果然将沈万三带到了刘伯温面前。

这个沈万三是什么人？

其实，沈万三是个乞丐，一身行头又破又脏，腋下还夹着一个破瓦盆。他一听刘伯温是来朝他要钱的，不禁吓得大惊失色，一边颤抖一边说："老爷，别找我麻烦了成吗？我只是一个穷叫花子，哪来的那么多钱哪！"

刘伯温瞪了他一眼，说道："没有是吧？很好，那就打。"

听到了刘伯温的话，手下马上操起棍棒对着沈万三一通乱打，打得他嗷嗷乱叫，连连求饶。手下的人见他可怜，但是没有刘伯温的命令又不敢住手，只能继续打。打了一阵子，沈万三终于忍不住了，跺了跺脚道："别打了，别打了！你们从这里往下挖吧，底下有银子。"

刘伯温这才吩咐手下住手，叫来一些人开始挖。这一挖，果然挖出了白花花的银子。

有了这些银子的帮助，建造京城的工作又重新继续，可是没过多长时间，这些银子就又花完了，于是刘伯温继续叫人对沈万三一顿打。沈万三果然又招了，指着地面说："别打了，这底下也有银子。"

于是刘伯温又派人挖，再次挖到了银子。

就这样，刘伯温不断叫人殴打沈万三，终于挖出了足够的银子，建成了北京城。

北京城是建起来了，但是挖银子形成的大坑却没有办法填，看起来很碍眼，于是刘伯温便在里边灌满了水，形成了现在的什刹海、中南海、北海。

八臂哪吒城

北京城总是被人称作“八臂哪吒城”，可这个叫法是怎么来的呢？有人说，之所以这样叫是因为北京原本是“苦海幽州”，只有八臂哪吒才能镇住生活在这里的孽龙。但不管是传说也好，传言也罢，这关于“八臂哪吒城”的说法，却是流传了几百年，直到今天。

在传说中，这还是明朝时候的事。有一天，朱棣决定在北京建一座新的京城，于是便派工部大臣前去修建。工部大臣听到皇帝的想法后不禁惊慌失措，急忙对皇帝说：“臣可担不起这样的重任，北京那片地方向来被人称为苦海幽州，臣无能为力啊！”

朱棣不明白是怎么回事，因此就问原因。工部大臣说：“皇上，臣奉劝您还是另请高明吧，苦海幽州中有一条非常厉害的孽龙，凡人不能治也。”

朱棣觉得这工部大臣说得有理，于是就派了能“降龙伏虎”的大军师刘伯温和二军师姚广孝前往，负责修建北京城。

刘伯温是一位上知天文下知地理上通天庭下通地府的异人，当即便和二军师姚广孝领了“圣旨”，带人来到了现今北京城这块地方。

在北京的驿馆住下后，刘伯温和姚广孝便每天前往建城地查探情况，思考如何才能让苦海幽州的孽龙不出来造次。朱棣的本意是让他俩互相帮助，然而这两个人却谁也看不上谁：刘伯温看不起姚广孝，认为他没有自己的本事大。姚广孝也看不起刘伯温，认为他只不过浪得虚名，只是自吹自擂而已。于是有一天，刘伯温对姚广孝说：“这么下去不是办法，干脆咱们就此分开，一个在东一个在西，自己想自己的主意。现在我们两个人在一块也没什么实质性的进展，还不如分开，约在十天后见面，背对着对方将自己的设想画出来，然后对比一番，规划得好的一人为胜，如何？”

姚广孝并不傻，知道刘伯温想要独取建城大功，但他对自己的能力同样有很大信心，心道到时候还不定谁赢谁输，便笑道：“好，大军师说的

刘伯温

话，我怎么能不答应呢？”

见姚广孝同意了自己的意见，刘伯温自然也高兴，马上就和姚广孝分开了，自己一个人到西城去住。姚广孝见他离开，自己也收拾了东西，搬到了东城。

这两个人心里都打着自己的如意算盘，想着如何才能画出更好的城建图，因此更加卖力地勘察、构思，直到很晚才回去。然而，二人拖着疲惫的身躯回到各自的房间后，却总是能在半梦半醒间听到小孩子的声音：“想赢他吗？照着我画就可以。”这两个人都不知道这句话什么意思，于是开始寻找，却什么也找不到。就这样，一连过了两天，二人总是能在半梦半醒间听到这句话，并且还是一直重复的这句话，烦得很。

第三天一早，这两个人再次离开住所，出去察看地形。刘伯温正在思考，冷不丁就听到了那句话：“想赢他吗？照着我画就可以。”这句话把正在出神的刘伯温吓得一激灵，急忙察看自己周围，这才发现有一个穿着红袄短裤的小孩子在自己前边站着。开始刘伯温还不当回事，马上快步离开，然而这小孩的速度比他还快，一直在他身前走，他加快速度，小孩也会加快速度，他无论如何也追不上这小孩。没办法，他又掉头就走，发现小孩又凭空出现在了自己前边。这一下可把他吓坏了，后脊不禁开始发凉。

和刘伯温的情况相同，姚广孝同样看到了一模一样的小孩。但是姚广孝胆子比刘伯温大一些，他没有害怕，只是觉得这件事有蹊跷。不过，无论他怎么想都搞不清楚到底怎么回事。

晚上，担惊受怕的刘伯温和一头雾水的姚广孝分别回到休息处准备睡觉，却又分别听到了那个小孩的声音："想赢他吗？照着我画就可以。"此刻又听到这一句，刘伯温也是吓过头了，他冷静了下来，不禁心道："对了，这样打扮的小孩，不会是哪吒吧？然而这哪吒有八臂，还是不太可能。"想到这里，他狠下心来，打算第二天仔细观察一下那个小孩。

姚广孝同样听到了那句话："想赢他吗？照着我画就可以。"听到这一句，他恍然大悟，心道："这小孩或许是哪吒。不过不知为何，他却有八只手臂，还是需要再观察一下。"于是他也做了和刘伯温一样的决定，打算在第二天仔细看看那个小孩。

第四天早晨，刘伯温与姚广孝再次出发勘查地形，并且都如愿遇到了那个小孩。二人仔细端详着，发现小孩的红袄非常像荷叶边披肩，肩部还有软绸镶边，在风吹过的时候还真的有点像有八条臂膀。

在这时，二人又听到了那句话："想赢他吗？照着我画就可以。"说完之后，小孩子便跑走了，哪里都找不到。直到这时，两人才真正确定，这个小孩子果然就是八臂哪吒。

刘伯温和姚广孝分别回到了自己的住处，在心里盘算起了城池的修建图纸。

第十天中午，二人在城中央的广场上会面了，二人背靠着背，拿起笔，分别将自己心中定好的城建图画在纸上。当太阳到西边时，二人终于画完了城建图纸，当二人将图纸交换过后，却都大笑起来。原来，他们的城建图纸是完全一样的，都是"八臂哪吒城"。

王府井的传说

在北京一提到“王府井”这个名字，很多人都知道，那里是北京最繁华的地区之一，也是有名的商业区之一，几乎到了家喻户晓的程度。但“王府井”这个名字，究竟是怎么来的呢？可能有很多人就说不清楚了。

据传，早在明清的时候，王府井这里还不是一条大街，而是住着一位王爷。

那时候，皇宫里的用水，都是派人用马车到北京西边的玉泉山去拉，然后运进皇宫，供宫里的人饮用的。然而，到玉泉山拉水费时、费力、费财，普通百姓们是不可能到玉泉山拉水喝的，因此就只好在城里打井，从井中取水喝。然而奇怪的是，一口井打好了，提上水来一喝，水竟然是苦的。没办法，人们只好另选一个地方，又打了一口井，但等井打好之后，提上来的水依然是苦的，于是又选新址再打。水井倒是打了不少，却没有一口井里的水是甜的，不是苦就是涩。

不管这水是甜还是苦，普通百姓们也不打算深究了，能有水喝就够了，就算是苦的，起码自己不用到玉泉山拉水，也不用渴死了。

虽说皇宫里都是到玉泉山拉水，但也有一个例外，就是在王府井这里住着的这位王爷。他是个非常嫌麻烦的人，每天派人运水实在是麻烦至极，便让人在自己的王府里打了一口井。这口井一连打了三天，等井打好后，人们把水提上来一尝，都惊叫起来说：“这水是甜的！这水是甜的！”

听说自己的院子里挖出了甜水，王爷自然是非常高兴，他认为这是自己福气大，造化大，房子和水井都在龙脉上的缘故。但这位王爷特别吝啬，心胸也十分狭窄，自家有了甜水井，他不但不让王府里的人声张，而且还命令看门的一个老头把水井看守起来，不让外面任何人来这里取水。

然而有一年，北京城出现了百年难遇的严重旱灾，城里的井不管是大还是小都已经干涸，四个海子也都快看见底了。这下可就苦了那些没钱又没车的百姓，富人家依然可以用车去几十里外的玉泉山拉水，穷人家只能靠从井底弄点泥浆水活命。

眼见那些穷人家没有水喝，在王府里看守水井的老头可有些不忍心了，心想以往我不声张也就罢了，可现在穷人家连水都喝不上了，王府里却照样还有甜水喝，这的确有些说不过去了。于是这老头一盘算，就开始背着王爷，偷偷地让那些穷人家来打王府里的井水。

于是每天早晚，趁王府的人都休息的时候，老头就给外面来取水的人发信号，让大伙儿趁着这个时间打一点水走。但世上没有不透风的墙，王爷终于发现了这件事，因此怒气冲天地质问看门的老头，说："我都叮嘱过你了，你为什么还要让外人来这里打水？"

晚清时期王府井老照片

老头见王爷质问他，没有害怕，反而笑道："不错，我是让外人来府上打了一点儿水。但我做这些决定都是为了王爷您啊。咱们府里每年都要雇用外面那些人运送粮食，如果他们喝不上水，渴死了，谁来给我们运送

粮食呢？小的知道您嫌麻烦，所以才不能让他们渴死了啊。如果您觉得我做错了，那我之后就不让他们到这里取水了。”

王爷听了，觉得老头说得很有道理，便不再追究，并且同意让百姓们来打水。从那以后，由于王府里的井水是甜的，又有更多的人跑来这里打水，大伙也安全地度过了遭旱灾的那段日子，而王府这口井的名声，也越传越远。

后来，当人们再提起这一带时，就都以“王府井”来命名了。中华人民共和国成立后，东安市场迁到这里，这里就成了北京最繁华的地带之一，可是一提这里，大伙儿仍旧叫王府井，“王府井”这个名字便一直留了下来。

三青走到卢沟桥

“大青不动二青摇，三青走到卢沟桥”，这句话讲述了刘伯温建新京过程中发生的一件事。然而，大青、二青、三青到底是谁？和刘伯温又有什么关系？

这，就要从刘伯温和姚广孝的恩怨说起了。

传说刘伯温和姚广孝一同画北京城图，结果画出的图一模一样，搞得两人的封赏泡了汤，正因如此，姚广孝气得当和尚去了，修建北京城的人只剩下了刘伯温一个。刘伯温心知这八臂哪吒城是一定要修的，但苦于这苦海幽州有孽龙作祟，所以心里有些忐忑，不知道自己能不能降服这条孽龙。这个问题让刘伯温这样的能人为难起来，想了一天又一天。

姚广孝

一段时间后，这个看似棘手的事情忽然有了转机，因为某个机缘，刘伯温得知在房山县（现房山区）的上方山上有三块得道青石，道行分别为一千年、五千年、一万年，降龙伏虎不在话下。这一消息让刘伯温大喜过望，心想：“如果我能将三块神石取来，一定能够降服苦海幽州中的孽龙，甚至，只要把那块一万年道行的神石取来，孽龙就永远无法翻身了。”

不过，那三块神石都是有高深道行的，刘伯温自知不可能轻易将其取来，所以一定要想一个万全的办法。

然而，就在刘伯温思考如何才能将三块神石取来的时候，远在房山县上方山上的大青、二青和三青却早已得知了刘伯温的打算。大青说："这山里自由自在，我不可能去帮刘伯温。"

二青附和道："说得对，我也不去。我就要看看刘伯温想用什么手段把我们取走。"

三青同样不满刘伯温的想法，非常气愤地说："没错，我不信他能让我们离开这里！"

说完了大青、二青和三青的情况，我们再说刘伯温。刘伯温想了良久，终于想到了运走三块神石的办法，并且分成了两个方案：首先准备了很多贡品、礼品，让随从带了，打算"礼聘"这三块神石下山；其次，他暗地里联络了一批天兵天将，将他们藏到了自己的袖子中。如果第一种方案不行，就用第二种方案，威吓这三块神石，逼迫它们下山。

一切准备就绪后，刘伯温马上带了一大批随从，向着上方山前进。

到上方山山脚下后，刘伯温首先进行第一个计划，放下了自己的大军师架子，恭恭敬敬地走到三块神石前边，将随从们带来的贡品、礼品摆放好，非常恭敬地说："在下刘伯温，奉皇帝旨意请三位神石驾临北京，日后定有镇国大将军之位封赏。"

虽然听到了刘伯温的话，但是大青就当没听见一样，一动不动待在那里。二青、三青见大青如此，于是也没有动。

刘伯温这下生气了，心想贡品我都摆好了，你们还不给我好脸色，那就别怪我了。他马上对袖子里藏着的天兵天将小声说道："有劳诸位将这三块石头赶到北京，事成之后皇帝定有封赏！"

天兵天将们马上便从袖子里冲了出来，举着兵器将三块青石团团围住，一声暴喝："大青、二青、三青！皇帝有令，即刻前往北京！"

大青道行最高，因此便没有动弹，二青却碍于威压，浑身都颤抖起来。相比之下，三青道行最低，因此被吓得不轻，只好道别大青、二青，跟着刘伯温下山了。

刘伯温早就料到了这一结果，他寻思即便没有大青、二青，有个三青的话也好向皇帝交差，因此就只带着三青一个前往北京城。

然而，事情并没有这么顺利，刘伯温带着三青即将回到北京城的消息被苦海幽州龙王的儿子得知了，因此他马上通知了卢沟渡口的龙王，让他阻止刘伯温将三青带进北京城。他们商议多日，决定在卢沟渡口上修建一座“蝎子城”，等到刘伯温带着三青经过这里，就让蝎子将三青蜇在这里。想出这个计策之后，他们马上进行准备，在卢沟渡口处修建了一座卢沟桥，当作蝎子的尾巴；在卢沟桥东边建立起了一座“肥城”，当作蝎子的身体；在肥城东门挖了两口井，当作蝎子的眼睛；在肥城东边堆起了一南一北两座小土丘，当作蝎子的两只螯。这些工作完成之后，刘伯温恰好带着三青来到附近。

在前方开路的随从向刘伯温报告说：“军师，我们在前往上方山的时候并没有过桥，现在卢沟渡口却修起了一座桥，桥东头还出现了一座城。在下以为事情有蹊跷，还请军师前往察看！”

听到随从所说，刘伯温暗暗觉得不对，急匆匆骑着马到桥上察看，一眼就看出这里是一座蝎子城，是有人想阻止三青进京而特意建造起来的。不过，即便形势已经不容乐观，刘伯温却依然假装镇定地说道：“这不是什么大事，我们最好赶紧过桥，赶快前往北京城才是正道。”说完后又赶着三青前行。

然而，三青走到桥西的时候就不再移动，刘伯温马上便让天兵天将对三青进行催促，自己也规劝道：“三将军请快点赶路，过桥之后不久就会到达京城，皇帝定有重赏！”

三青没有办法，只能继续前行。

穿过卢沟桥之后，刘伯温想：“现在最好从城外绕过去，城里太危险。”于是便让三青从城南前进。刘伯温本以为按照这个路线前进的话三青就不会被蝎子蜇到了，然而蝎子的尾巴却斜着甩了过来，一下就把三青蜇得动弹不得，停在了当地。刘伯温连连叹气，看着已经动弹不得的三青，说道：“既然你命中注定无法前往北京，那就保这卢沟桥一方水土吧。”

失去了三青，刘伯温只能另寻他法处理孽龙的问题。

自从这块青石停在肥城这里以后，百姓中就传开了一句话：“大青不动二青摇，三青走到卢沟桥。”

这肥城，据说正是今天的宛平城。

北新桥的传说

关于北新桥的传说，可以说是由“高亮赶水”的事情而来的。高亮曾一枪扎破一只水篓，之后那龙婆便抱起被扎破的那只水篓，逃到了黑龙潭。其实那只水篓是龙女变的，于是后来龙婆就带着受伤的女儿在黑龙潭安了家。

龙子得知高亮扎破水篓的消息后大急，马上驱使着滔滔洪水追赶高亮，将高亮害死。然而高亮虽死，龙子的气却未消，只是他知道刘伯温不好惹，因此只能暂时躲避，带着由他儿子变成的那只水篓，顺着玉泉山的泉眼钻到地底下去了。

龙子想：“刘伯温，我现在是惹不起你，不过北京城修完后你就会离开，等你走了，那就该听我的了！”因此，龙子便带着他的儿子在地底的泉眼里住了下来，等待时机复仇。

一晃几个月过去了，北京城也修完了，刘伯温马上就要回去向皇帝交差。可是刘伯温临走前又想到了前些日子一直捣乱的孽龙，于是又犯了愁：“这孽龙实在可恶，我走之后他准会跳出来胡作非为。唉，如果姚广孝在这里坐镇，事情肯定简单不少，但是他居然去当和尚了！唉！”想了大半天，刘伯温最终还是决定去找姚广孝帮忙。

这天，刘伯温在城外的庙里找到了姚广孝，寒暄几句之后，就对姚广孝说明了他的来意。姚广孝并不是什么省油的灯，见到刘伯温的时候他就已经知道刘伯温心里打的什么算盘了，不过他装作什么也不知道，等刘伯温求自己。

刘伯温说完自己的来意之后，发现姚广孝还是不吱声，也大概知道姚广孝到底什么意思了，于是便笑道：“其实，八臂哪吒城的城建图是你和我一同画出来的，城建好了，功劳肯定不只是我的，我回去后一定会向皇上请示，说明北京城是我们两个一同建造完成的。”

姚广孝听了刘伯温的话，知道这是他发自内心的想法，因此暗暗点头，说道："那好，我就答应了你吧。"

见到姚广孝答应了自己的请求，刘伯温这才放下心来，安心地带着随从离开了北京。

刘伯温的确有先见之明，他刚一走，龙子就听到了消息，因此便带着自己的儿子从地下的泉眼中来到了北京城下。他们找到一处海眼之后便奋力向上撞，打算直接冲出地面，然而这一撞下去，地面没有变化，龙头反而被撞出了大包，因为这处海眼上放了镇物。

龙子无奈，只得寻找其他海眼，就这样又找了几处，却发现这些海眼都被镇住了，父子二人根本撞不上去，反倒将自己搞得七荤八素，脑袋疼得要命。龙子一边气得破口大骂，一边继续寻找新海眼。

终于，父子二人又在北京城的东北方向，也就是现在的北新桥一带找到了一处海眼，这一次，这处海眼上并没有放置镇物，因此，父子二人终于撞破了地面。来到地面后，龙子变成了一个老头，龙子的儿子则变成了一个青年，二人带着大量洪水从地下来到了地面上。这一出现，那大量的洪水直接就将北新桥一带变成了汪洋，老百姓的房子全部被水淹没，哭号遍地，一片凄惨景象，而龙子和他的儿子二人却踩在水面上，非常得意地看着他们这一次成功的报复行动。

就在洪水将要泛滥的时候，姚广孝接到了探子的快报，立刻穿衣提剑赶了过来，心里默默佩服刘伯温心思缜密，料事如神。来到北新桥一带后，姚广孝舞了两朵剑花，立马就将洪水止住了，水位也不再上涨。他像那父子二人一样站在了水面上，怒喝道："孽畜，竟敢水淹北京城！今天让你们见识一下二军师的能耐！"

听到姚广孝的怒吼，龙子瞬间打了个冷战，心想："刘伯温不是已经走了吗？这怎么又蹦出来一个二军师？我父子二人一定要小心此人，此人短短时间就止住了洪水，看来也是个硬茬子！"龙子马上向儿子使了个眼色，二人一同亮起青龙剑，冲向姚广孝。

姚广孝不敢怠慢，急忙持剑应对，三人战成一团。

其实，如果单就龙子一人，或者单就龙子的儿子一人，姚广孝都足以应对，然而父子二人合力上阵，就让姚广孝感觉非常棘手了，他一开始还

能占一些上风，可是战到最后，他已经有些吃不消了，出剑的速度也是越来越慢，眼看就要在这场争斗中落败。

在这紧急关头，四周忽然大雾弥漫，祥云笼罩，祥云过后，龙子惨叫一声，跌落水面，原来是大腿受伤了，血如泉涌。姚广孝愣住了，这件事情发生不过短短一两秒，三人都不知道到底发生了什么事情。

姚广孝回过神来，打算看一看是谁帮了他，就听一个声音说道：“二军师不要发愣，快快拿住小龙！我乃大宋岳飞！”

姚广孝大喜，急忙叫道：“岳将军请留步！”然而岳飞并没有回答他。姚广孝无奈，拿住龙子及龙子的儿子之后，便将这父子二人锁了起来。随着父子二人被击败，北新桥的水也逐渐退去，无法再次泛滥了。

虽然姚广孝拿住了父子二人，但是对这二人的处理却让姚广孝大为头疼。终于，姚广孝想到了比较好的主意，将龙子锁在了北新桥下的海眼中。由于是岳飞名将帮忙制服的龙子，姚广孝便在海眼上修建了岳飞庙，镇压龙子。龙子被镇压后问姚广孝：“二军师，你难道想把我永远关在这里吗？我什么时候才能出去？”

姚广孝说道：“这座桥是一座新桥，等这座桥用旧了，有了栏杆，你就可以出来。”然而，从这时开始，人们便将这座桥改叫“北新桥”了，意思就是永远不会旧的桥，也就永远不会有栏杆了。

处理完龙子，姚广孝又把龙子的儿子锁在了崇文门鸾桥下的海眼里。他也问姚广孝说：“二军师，你打算关我一辈子吗？什么时候我才能离开这里呢？”

姚广孝说：“如果你听见了开城门时打的点，你就可以出来了。”但是打这儿开始，崇文门开城、关城都不打点，改为打钟了，于是这龙子的儿子也出不来了。

过去老北京人常说：“北京城是九门八点一口钟啊！”可是说起来这口钟也很奇怪，被敲响时，每个人听到的都不是同一种声音，因此大伙儿就管这里的钟叫分钟，管那座庙叫分钟寺。

瓮山

很多年前，瓮山附近有一个地主，给地主扛活的工人中有一个名叫王老石的，乡亲们、工友们都认为他非常老实，于是便叫他王老实，读起来也顺口。王老石并不反对人们给他起的这个外号，所以在人们喊他“王老实”的时候他还是会回答。

王老实住在瓮山的西北边，他扛活的老地主住在瓮山东南边，因此王老实每天干活都要先过青龙桥，然后从瓮山以南、湖水以北的小道前进，这样才能走到老地主住的地方。王老实已经在老地主家干了三十年的活了，每天都要从这条道经过。

这年，王老实已快六十岁了。他不禁想起了年轻时候的事情，感叹道：“六十六十，可以说是快一辈子了，我居然就这么活到现在了。唉，到头来还是这么穷，连儿女都没有。这真是让人难过的事情，简直是白活了一辈子。”

每到晚上，王老实与老婆躺下睡觉后就一直在想这件事，弄得自己郁闷不已。不过这也怨不得别人，王老实也知道是自己没本事，没钱没地，才成了现在这副样子。这样想着想着，好好的晚上就又睡不着了。他想：“算起来我已在那山前边走了三十多年，不如就在那座山上留个纪念吧！”可留下什么才能算作纪念呢？王老实在心里便盘算开了，最后，王老实做了决定，打算在他六十岁生日那天在那座山上种一棵松树。

王老实的六十岁生日很快就到了，这天王老实高高兴兴地对自己的老婆说：“老太婆，咱们既没儿女也没钱，是彻底的穷人，所以我打算在山坡上种一棵松树，既是为了留一点念想，也是为了给我王老实过一个六十岁生日！”

老婆看着王老实，把嘴一撇说：“去吧去吧，也不知道你抽的哪门子风。”

见老婆没有反对，王老实马上带着自己准备好的松树苗，拎着锄头走出了家门，穿过青龙桥，来到了他经常经过的小山坡。王老实将松树苗放在地上，找了一个石头很少的地方开始挖坑。他一层层地挖着，挖了一尺（1尺约合0.3米）多深之后却忽然挖不动了。王老实当时以为是挖到了石头，就蹲下去察看。然而，他并没有挖到石头，而是挖到了一块石板。

王老实打开了那块石板，发现石板下有一个陶瓮，这个陶瓮中的东西让王老实震惊不已：这里边居然装满了金银珠宝。

如果换成其他人，挖到这么一瓮金银珠宝之后一定会喜不自胜，但挖到它的是王老实，他不仅没有高兴，反而有些犯愁，心想："我年纪也大了，老了，拿这么多钱也没啥用，反倒是如果处理不好，还有可能招来灾祸。还是算了吧！"他这么想着，就又把这一瓮金银财宝放回了石板下边，然后用土将石板埋了。

做好这个工作，王老实又选了一个旁边一点的地方，将松树种上了，种好之后王老实笑说："你赶紧长大吧，这样就可以在夏天的时候给过路人提供阴凉了。"说完之后，王老实便扛着锄头回家了，把自己遇到财宝后又把它们埋上的消息告诉了自己的老婆。他老婆听完之后点了点头，说道："你做得很对，咱老两口要它们也没什么用，并且，咱们本来就穷，如果用了它们那它们肯定会给咱们带来灾祸的。"王老实见老婆支持自己的想法，也非常高兴。

王老实的六十岁生日就算是过了。只是，过了这个六十岁生日，他的生活依旧没什么变化，依旧是去老地主家扛活，依旧走着山前那条小路，只是每次走过瓮山，他都会停下来给小松树浇一些水。正因为如此，小松树长势飞快，让王老实非常高兴。就这样，随着时间一点点过去，王老实逐渐忘却了金银珠宝的事，就好像他从来没有挖到过那个瓮一样。

不过，很多年后的一天，中午休息时分，扛活的长工短工们来到大树下休息，老地主刚好戴着一顶凉帽走了过来，打算看看有没有人偷懒。他发现所有人都没有干活，自然很不高兴，不过他不希望得罪这些长工短工，因此就说："休息就休息吧，只要误不了工就行。"

说完这些话后，他便和长工短工们聊起天来。聊着聊着，一个短工忽然说道："掌柜的，你帽子上这颗珠子可真够大的！"

果不其然，老地主戴的凉帽上的确穿着一颗大珍珠，听到短工的感叹后，老地主马上撇了撇嘴，说道："见识短！什么珠子？这叫珍珠！你们见过这么大的珍珠吗？没有吧？有道是'七分为珠，八分为宝'，懂不懂？"

听了老地主的话，人们纷纷点头，称自己的确没见过这么大的珍珠。王老实却没有点头，而是笑道："他们或许没有见过，可是我见过啊，并且是比这还大的！"

人们都知道王老实是一个话很少并且很老实的人，于是见他这么说后居然都相信了，问他到底从哪里看到的。王老实见这么多人问，就把六十岁生日时种小松树挖到一瓮金银财宝，自己又将它们埋回去等事情说了一遍。王老实说完后，人们马上就开始议论了，有人说王老实太老实，有人说王老实没有福气发财。

王老实并没有对大伙的议论上心，而是说道："那些都不是咱的东西，咱本身就穷，也不谈那金银珠宝，还是老实活着好，不惹祸。"

听了王老实的话，众人只觉有理，纷纷点头，老地主却偷笑开了，想这么容易就能拿到的钱财居然放弃了，也难怪全是穷光蛋，命贱，受不起这大财。于是，老地主想了想，说道："嗨，你们别乱猜测了，这一瓮东西其实是我祖辈埋在山上的镇山之宝。现在王老实发现了它，咱们就应该给它换个地方，我们现在就去把它取出来吧。"

这些长工短工自然知道老地主打的什么算盘，也知道他肯定在说谎，目的就是独吞这些金银珠宝。但是他们并不敢声张，只能跟着王老实，扛着铲子、绳子、锄头等工具上了瓮山。

到瓮山之后，王老实说了埋着那个瓷瓮的地方，于是老地主说："你们在挖掘的时候一定要小心，不要弄坏了我的镇山之宝。并且，这是我家的祖传之物，所以应由我亲自打开，你们将它放在地上，都不要靠近。"

众人点点头，动手开始挖。他们挖了有一尺多深，就挖到了那块石板，这石板下边果然放着一个陶瓮，有三尺多高。众人见果真挖出了东西，就按照老地主的吩咐将它小心地放在了旁边的平地上。

看到陶瓮出土，老地主喜出望外，高兴地说："看看，这就是我祖辈留下来的镇山之宝。现在我就打开它，让你们开开眼界。"说着，老地主

便装作恭敬地走到了陶瓮旁边，打开了陶瓮。不过，让他疑惑的是，这个陶瓮里边一片漆黑，什么也看不到，包括所谓的金银珠宝。

老地主这下疑惑了，王老实明明说这里边有金银珠宝，怎么会看不到呢？他觉得事情有些蹊跷，因此就伸手进去掏。这一掏，果然摸到了什么东西，不过不是金银珠宝，而是又软又滑的什么东西。老地主将里边的东西拽出来之后便吓坏了，原来，他摸到的根本不是金银珠宝，而是一条蛇。

转眼间，瓮中又蹿出几条蛇，将老地主缠住了。

老地主不断翻滚，大叫道："快救命！"

人们都还在惊吓中，听到老地主呼救，这才反应过来，走上前打算驱赶这些蛇，但是陶瓮中马上又钻出来一大群蝎子、蜈蚣之类的毒虫，对着老地主一顿蜇咬。这些毒虫毒性强烈，老地主没几秒就死了，等他死掉之后，这些毒虫才和那几条蛇一同爬走了。

老地主死掉了，可是这都是他太贪财惹的祸，纯属咎由自取，和长工短工们没有关系。因此，老地主的家人也怪不得这些长工短工，只得闷着头把老地主埋了。

过了很久，王老实又来到了那片山坡，发现自己种的松树又长高了一些，旁边还放着当年那个空了的陶瓮。王老实走到陶瓮边上，叹气道："看来，今后只能是你来做镇山之宝了。"说完后，他又将空陶瓮埋回原来的地方。这之后，这座山便被叫作"瓮山"，也就是现在颐和园中的万寿山。

牛战村和虎头村

很久很久以前，北京西部的山区里住着一个三十多岁的男人。他原本是个放牛的，因为某天不小心走错了路，就来到了这个地方，再也出不去了。他见这里水草丰美，树木丛生，正是放牛的好地方，再加上他独身一人，没有老婆孩子，心无挂念，于是就打定了主意，在这里盖起草屋定居了下来。

他在这里定居了下来，早晨就让牛自己出去吃草，自己则开垦土地，为自己争取利益。这地方没有其他人，这些土地开出多少就是多少，全是他自己的，因此他也乐得为自己打工。他总是想着等自己的庄稼收获之后，除了供给自己吃，还能卖不少钱，之后又可以找个老婆一起过日子，真是美滋滋啊。

可是这样过了几天，他正为自己的设想高兴的时候，却出现了一些状况。一天傍晚，他收工后打算去树林中的草地上牵牛，却发现牛已经气喘吁吁，并且浑身湿漉漉的，不知为什么出现了一副非常疲惫的样子。他想："可能牛吃饱了草，下河去洗澡了吧？"但抬头放眼去望，附近根本就没有河，甚至连一个小水沟都没有。

后来，他在地上看见不少脚印，但不是人的脚印，而是老虎的脚印。由此他想牛可能在树林里遇见了老虎，跟老虎搏斗出了汗才弄得浑身湿漉漉的。一想到牛在树林里遇见了老虎，他便有些担心起来，心想自己就这么一头牛，要是被老虎给吃掉了，将来种田可就没有牛犁地了。

怎么办呢？男人有些犯难了，晚上连觉都没有睡好。

等到了天亮，他忽然有了一个主意，因此赶紧起来走出茅屋，将自己随身带着的两把刀绑在了牛的犄角上。这样，如果牛再与老虎搏斗，凭着犄角上的两把刀，就能将老虎捅死，而不至于被老虎吃掉。

男人把牛放出去后，傍晚再去牵牛时发现牛的身上没有出汗，反而满

脸是血。他用手一摸，发现并不是牛出的血。男人很高兴，他认为牛在跟老虎搏斗时，很有可能把那只老虎捅死了。但奇怪的是，他四处找那只死虎，却怎么也没有找到。

“算了算了，不管那只老虎了。自己的牛没事就够了。”这样一想，男人就不再去找那只死虎了。接下来，他每天早晨把牛放出去吃草，傍晚再牵回来，一切似乎都恢复了正常。

这天早晨，男人又把牛放了出去，然后就到附近的一个集市上买种子去了。由于路太远，等他回来时，天色已经非常昏暗。他放下买回来的种子后便去牵牛，可是到了放牛的那片树林后却没有见到牛的影子。

“牛会到哪里去呢？难道……”这个人不敢再往下想，暗自着急起来。他没有见到牛的影子，因此还抱着一丝的希望，心想就算牛被老虎吃掉了，也能见到些骨头和血迹，现在这活不见牛死不见尸，所以这牛很有可能没有死，只是不小心跑到远处吃草去了。“对，我再往远处找找。”这样想着，男人就扩大了寻找范围，一找就找到了天亮。

这时，他看见远处有一户人家，离他住的那个茅屋差不多有五里远，屋顶上正升着炊烟，显然是在做早饭。他马上朝那户人家奔过去，可一到跟前，他立刻站住了。原来，他在这户人家的碾盘旁边发现了自己的那头牛，不过牛已经死了，他看见的只是牛的尸体。另外，在碾盘的碌碡上，他还看见有一张老虎皮搭在那里。

见此情景，男人赶紧去敲这户人家的门，门开了，出来的是一位四十多岁的汉子。汉子问：“有什么事吗？”

男人说：“你还问呢，我的牛是不是你给打死的？”

汉子挠了挠脑袋说：“什么牛？我天一黑就关门睡觉了，夜里都没有出去，你的牛在哪？我也没有见到啊！”

男人往牛的尸体那边一指说：“你看，那不是吗？”

汉子过去看了看碾盘旁边牛的尸体，见牛的头部全是血，两只牛角都断了，一只掉在地上，一只在头顶耷拉着。最奇怪的是，牛的头骨好像遭到什么东西的猛击，凹下去很大一个坑，从里面流出来的血已凝固成黑紫色。这时汉子抬头看见了那张搭在碌碡上的牛皮，突然想起了什么，一拍脑袋说：“前几日我曾捡到一只死虎，肚子也不知怎么被刀子捅开了，我就拖回来将老虎扒了皮吃了，顺手就把虎皮晾在了这个碌碡上，我想定是你的牛没事溜达到了碾盘这里，以为晾在碌碡上的虎皮是老虎，便顶过来，结果却自己把自己撞死了！”

事实的确是这样，牛真的把虎皮当成了老虎，于是就朝晾在碌碡上的虎皮撞去。可撞了一下，见老虎没跳，就又撞一下，最后就把自己撞死了。

男人见牛的头都撞烂了，想这汉子即使再有力气，也不能把牛打成这样，只好把自己的牛拖了回去。

后来，这个养牛的男人开垦出了很多田地，种粮食挣了钱后娶了一位妻子，妻子为他生了七八个孩子。与此同时，晒虎皮的汉子也娶了妻生了子。这样，随着两户人家一代又一代繁衍，这里就形成了两个村庄。可形成了村庄就得有名字，因此由养牛那户人家形成的村子，便起名叫“牛战村”，而由晒虎皮那户人家形成的村子，就起名叫“虎头村”了，直到今天，这两个村依旧沿用着这两个名字。

辟才胡同

北京西单商场以北不远的地方，有一条东西走向的四十多米宽的街道，这条街道非常长，从西单北大街往西一直延伸到太平桥大街。当然，这条街道在扩建之后才形成了现在的模样，在过去，它只是一条四米宽的小胡同，名叫辟才胡同。

其实，“辟才胡同”也不是它的原名，这条胡同在最早的时候其实叫“劈柴胡同”。

说起来，关于这个名字还有一个传说。传说早在明朝大将徐达进北京之后，他便将元大都的内城向南移动了一点，于是南边这一片就繁华了起来，有了更多人居住，并且也有一些外地人前往这里定居。有一天，一个名叫张生的乡下人带着老婆和三个儿子搬到了这里。张生没有什么本事，他原本想自己领着老婆孩子来到北京城后能过上好日子，不愁吃不愁穿，可一到这里才知道，虽然自己带着三个儿子和老婆在北京城定了居，但还是得靠自己去谋生活，如果坐在家里等着，那只有饿死。

一开始，张生是想找一个大户人家去做事，挑挑水，扫扫地，打扫打扫厕所，或者给那些店铺当个伙计，以便养家糊口。可是让张生没有想到的是，他是这样想的，其他很多穷人也是这样想的，因此张生找了多日，也没有找到任何事情做，全被别人抢了先。

现在该如何是好？张生在乡下就是一个穷人，指望来到北京城里后能让老婆孩子不挨饿，可现在的情况很不乐观，租完房子后手里没有一分钱，就连一家人的晚饭都成了问题。

俗话说得好：“人是铁，饭是钢，一顿不吃饿得慌。”看见晚上已经无米下锅，一家五口都要饿肚子了，张生便犯起愁来，暗恨自己把事情想得太简单，自己根本就不应该跟风来北京城谋生活。此时的张生，不觉产生了带着三个儿子和老婆再回乡下的想法，可是他的衣袋里已经一分钱都

徐达

没有了，再者说，即便要再回乡下，也应该吃饱肚子再出发，总不能空着肚子就起程，再走个三天五天，那么自己一家人岂不是要饿死在半路上？

还是张生的妻子有主意，眼见丈夫张生愁眉苦脸，便对他说道：“怎么可能没有办法呢？以前你在家不是打柴卖吗？如今北京这里有山，山上也有很多树，你还可以重操老本行，上山砍柴卖啊！”

张生一听，觉得老婆说得很有道理，于是便拿出从家里带来的砍刀，向邻居家借了绳子，赶往离北京城最近的西山。那时候，北京的西山还是一座野山，不归任何人管辖，于是张生很快就砍了一担柴回来，挑到集市上卖了，又买了几斤米，这才让一家人在第二天的中午吃上了饭。

为了让一家人能够在北京城长期生存下去，张生便想：“我砍一担柴，就能换一家人两日的吃喝，如果我每天都砍柴去卖，虽然不能富贵，但至少能在北京城活下去，况且这里一担柴的价钱，要比自己曾经砍柴所卖的价钱高出一半，这简直是得天独厚的条件！”于是从此开始，张生便整日去北京的西山砍柴，挑进北京城出售，如此一来二去，张生在保证一家人吃喝的同时，也有了一点儿积蓄。

看见自己手里有了积蓄，张生又不满足现在的状况了：“别人都在

街上开着店铺，我要是也开一个店铺，专门卖柴火，应该能赚更多钱。”有了这个心思，张生便将自己的想法对老婆和三个孩子说了。这个时候，张生的三个儿子也不再是孩子了，都变成了有些力气的年轻人，并且非常赞同父亲的想法。这一年，张生的长子已经十七岁，当时就一拍胸脯说：“从明天开始，我也去西山砍柴，等再过几年，我二弟三弟也能砍柴了，咱们就能把铺子开起来了！”

然而，张生的长子虽然也开始去北京的西山砍柴，可是除了比原来的收入多了一些之外，张生还是没有将劈柴厂建起来。

十几年过去了，张生老了，砍不动柴了，但这时张生的另外两个儿子都长大成人了。凭借着力气和头脑，张生的大儿子果然开起了一个店铺，专门卖柴火，并且经营有道。张家不仅富裕了起来，还在这里盖起了几座大房子，拥有三进三出的院落，此时的张家，俨然已是一个大户人家了。

看到张家如此变化，仅靠卖劈柴就富裕了起来，附近的人就开始模仿，做起了劈柴生意。随后，这里又迁来了许多户人家，人越来越多，于是这里便形成了劈柴市场。

可是，张家的劈柴生意因讲信誉、不掺假，做得最红火，那些生意不怎么红火的人家就产生了嫉妒心理，心想：“张家人来这里时一穷二白，随便从这街上拉一个人都比他家富有。但现在他们靠着劈柴生意发了家，我们也这么做，为什么就不如张家人呢？”这种心理一发不可收拾，嫉妒也逐渐变成了嫉恨，认为是张家的劈柴厂抢了他们的生意。于是其他的店家在一起商量了一个阴损的办法，找了一个不怕事的伙计，深夜潜入张生家的劈柴铺子，用火给点了。

这场大火烧了五天五夜，不仅将张家的店铺烧了个精光，还将紧挨着店铺的张家院落烧了。因为自家遭了火灾，多年辛劳毁于一旦，张生气愤之下一病不起，没过几天就死了。由于张家家主去世，张家也衰败了下去。

但是，张家被大火烧得败落了，其他人家的生意也没好到哪里去，不仅没有长进，就连保持原样都不可能。因为张家的没落，原先张家的老客户干脆就不到这里来了，闹得这些人也一家家破产，真可谓是人在做，天在看。

之后，燕王朱棣从侄子的手里夺得皇位，又将都城从南京迁来北京。这一切工作都完成后，他又对这里进行了改造，把这一带划归为阜财坊。清朝时，这里又被划为镶红旗的旗地，由于之前这里曾经有很多家劈柴铺子，因此又叫“劈柴胡同”。

后来，清朝末期废除了科举制度，鼓励私人创办新式小学堂，在这种风气的影响下，天津人臧佑宸在这里开办了一所学校，名为“京师私立第一两等小学堂”，并以“辟才”为“劈柴”的谐音。他亲自谱写了一首校歌：“辟才，辟才，辟才胡同中。苍苍，菁菁，槐柳兼柏松，是何处？私立第一两等。开辟人才，开辟人才，胡同著其名。”由此，劈柴胡同便改名叫辟才胡同了，辟才胡同也声名大振起来。

凤凰墩的传说

清朝时期，乾隆皇帝曾命人修建了三座所谓的“海上仙山”，这三座仙山分别是：昆明湖北边被称作“方丈”的四面临水的孤岛；昆明湖西边被称作“蓬莱”的三面环柳、一面有路的土山；还有昆明湖南边被称作“瀛洲”的光秃秃的土丘。当地的老百姓嫌“方丈、蓬莱、瀛洲”这三个名字太难记，因此便将方丈叫作团城，将蓬莱叫作老公山，将瀛洲叫作凤凰墩。

乾隆

那么老百姓们为什么要将瀛洲岛叫凤凰墩呢？这里面就有一个传说了。传说在很早很早以前，瀛洲岛四面都是水，岛上绿树参天，岸边荷花环绕，是一个清幽的、风景迷人的好地方。一天，王母娘娘下旨，让仙女弄玉拿着洞箫前往东岳泰山修行，于是，弄玉便骑上彩凤出发了。

然而，当她路过瀛洲岛的时候，发现此地荷花盛开，湖水清澈，因此就坐着彩凤落在了这里，打算在这里游玩一番再出发。然而，游玩了几日，她更加喜欢这个小岛了，因此就住了下来，开始在这里修行，有空闲时，她就独自吹箫，生活非常自在。

有一天傍晚，八仙之一韩湘子脚踏祥云从这里路过，忽然听到了若隐若现的箫声，便落了下来。他发现原来是弄玉在吹箫，于是上前问道："你怎么在这儿？王母娘娘不是说让你到东岳泰山去吗？"

同在仙界，弄玉当然认识韩湘子，因此就告诉韩湘子："这个地方拥有美丽的风景、优雅舒适的环境，所以我打算在这里修行。"

韩湘子朝四周看了看说："这座小岛环境的确很好，风景也很美，但是这绝对不是长久之地。你应该能看到北边的龙王庙吧？如果龙王庙里的游龙前来戏凤，你还如何修行？不被烦死就不错了。并且这里的西边是老公（弓）山，如果射出几支箭，你怕是不得清净啊！更何况这里南边是一个火器营，擦枪走火，虽然你是凤，可还是会畏惧三分。最后，这里东头有个叫六郎庄的村子，如果'六狼夺一凤'，你千年道行很可能不保。"

听了韩湘子的话，弄玉觉得韩湘子所说非常有理，于是就跟随韩湘子到东岳泰山去了。

不久，仙女弄玉在瀛洲岛修行的事情传得尽人皆知，因此，人们便在瀛洲岛上修建了一座画有弄玉乘凤吹箫画像的凤凰亭，也正因为此，这座小岛才得名"凤凰墩"。

瓮娘娘坟

传说元世祖忽必烈时期的正宫皇后不但容貌出众，而且非常有学问，人们都称她为瓮娘娘。由于瓮娘娘很有学问，因此她在辅佐忽必烈治理天下的时候，满朝文武没有一个不佩服的，都说她是忽必烈最好的助手。然而天妒英才，瓮娘娘没过多久就染上了无法医治的重病，她自知时日无多，因此便在临死之前叫来了自己放心不下的忽必烈，将朝廷的事情给他安排妥当之后说：“另外，等臣妾死后，望陛下能将臣妾埋在丹棱北边的那个小山包上。”

丹棱北边那一带很荒凉，忽必烈不明白瓮娘娘为什么会这样嘱咐他，于是便不解地问：“你为什么偏要葬在那个地方呢？那里太荒凉了啊！”瓮娘娘听后笑了笑说：“因为我死后不想一个人孤零零的，我想找个天子给我看坟，和我做伴。”说完这话后过了不多会儿，瓮娘娘就闭上双眼逝去了。

对于瓮娘娘临终的嘱托，忽必烈听得一头雾水，心想哪个天子能给自己的皇后看坟呢？但娘娘既然有这个要求，那就满足她的临终遗言吧！于是忽必烈按照瓮娘娘的意愿，将瓮娘娘葬在了丹棱北边的那个小山包上。正因为此，人们便将那小山称作“瓮山”。

为了防止盗墓贼前来盗瓮娘娘的墓，忽必烈吩咐在安葬瓮娘娘的时候一定要万分小心，将此墓深埋地下的同时，在地上不能留下任何线索，看上去都应该是平平整整的。随着时间的推移，一年又一年过去了，最后，谁也不知道瓮娘娘究竟葬在瓮山的哪一块地方了。

就这样，五百年过去了，元朝被明朝所替代，清朝入关又替代了明朝。有一天，喜爱游山玩水的乾隆皇帝出游来到了瓮山这里，看见此处风景秀丽，灵气充足，就想在这儿修建一座园林，以便在夏天时到此地消暑度假。因此，乾隆皇帝马上便派一位大臣征调民工，把瓮山泊开凿成了一个大湖，取名叫昆明湖，并打算在昆明湖上修建一座行宫。可是，正当劳工们开掘修建行宫的地基时，忽然在半山腰处挖到了一个非常巨大的地下洞穴，整个洞穴都用大石堆砌而成，并用一扇大石门封闭了起来。

监工太监向乾隆报告了这里的情况。

乾隆想："这座坟应该就是瓮娘娘的，如果打开了它，肯定能得到大量珍宝。"他这样想着，马上前往监工太监所说的地方亲自察看。等看过一番之后，他命人打开这个石门。石门非常结实，工匠们好不容易才打开了它，没想到这"门"里边还有一道门，原来刚才打开的不过是一块挡门石而已。众人打算移开挡门石继续挖，却发现挡门石后头写了一行字："你不动我，我不动你。"

乾隆看到这一行字之后吓得脸色苍白，急忙让人重新砌好了挡门石。不仅如此，他还让工匠们在瓮娘娘的坟上边修建了一座佛香阁，压住了她的坟。正因为此，瓮娘娘的坟现在非常安全，乾隆也认为自己的江山、天下非常安全，可谓两全其美。瓮娘娘的话果然应验了，真的有天子来替她"看坟"了。

其实，这件事不过是瓮娘娘神机妙算的策划而已，并不是什么诡异的事情，她生前就博学多才，自然明白丹棱北边那块美丽的地方肯定会被皇室选中，然后修建一些娱乐设施，所以她才说以后会有天子给她看坟，和她做伴。

再者，乾隆虽歪打正着发现了用来恐吓盗墓贼的字，但奈何乾隆是个迷信的皇帝，因此就被这一行字吓住了。

昆明湖老照片

公主坟的传说

据说乾隆曾经将明陵拆掉，用其中的材料修建自己的陵寝，因此被刘墉参了一本，给他安了一个偷坟掘墓之罪。乾隆说不过刘墉，又自知理亏，因此便将“偷坟掘墓斩立决”这一条律法改了一下，叫“见尸者杀，不见尸者发”，给自己定了一个发配江南的罪名。可是虽然这么做了，但是乾隆不穿罪衣，不锁锁链，反倒是穿着便装，头戴一顶瓜皮帽，还要刘墉作陪，显然是去江南玩的。

然而，刘墉不敢不按照皇上的意思来，所以只能跟着。只是没想到，和珅也跟着来了，说是身为臣子一定要与国君同吃苦。刘墉得知此事后就知道和珅肯定是跑来讨好乾隆的，但这话同样不好说出口，因此只能与和珅以及乾隆一同前往江南。

乾隆首次从宫里出来，觉得外边的东西都带着一股新鲜劲儿，因此四处乱转，这个也想看，那个也想看。和珅一直跟在后边，解释这个解释那个，尽职尽责。和和珅相比，刘墉却是不怎么说话，就默默地跟着。

时间不知不觉地过去，天色逐渐暗了下来，乾隆觉得又累又饿，因此便说：“二位爱卿，现在天色已晚，我们应该怎么办呢？”他本以为和珅和刘墉能明白自己的意思，谁知他问了这么一句之后和珅和刘墉却都没有回答。

和珅想的是皇上肯定是饿了，所以打算看刘墉如何安排皇上，打算看个热闹。虽然他自己也很饿，但还是没有说话。刘墉的想法完全不同，他认为应该让皇上体会一下民间疾苦，因此也没有说话。

这两人的想法可苦了乾隆，他见两人居然都不回话，只能忍着饥饿和劳累继续走。

终于，又过了两个时辰，天上已经星辰遍布的时候，这三个人终于找到了一个村子，急忙进了村。村子旁边住着一户有三间土房的人家，和珅见这里最近，便过去敲门。过了不久，一个老人打开了门，将不像是歹人的三人请进屋子。老人叫醒了他的女儿，让她去准备一些吃的。这个女孩十四五岁，虽然穿着破旧，但是却显得非常清秀，落落大方。过了没多久，她便端来了面条和白薯。

这三个人饿得极了，因此将这些食物一扫而空，觉得非常好吃。

他们三个在这里住了一晚，第二天才离开，走之前，乾隆看到了院子里干活的小姑娘，非常喜欢她，因此就对老人说："老人家，我看你的女儿非常清秀能干，不如让我收她做干女儿吧！"

老人一看眼前的这个人像是一个非常正派的人，便同意了，让女儿拜乾隆为干爹。乾隆将一锭银子和一块黄手帕递给老人说："这锭银子拿去给她买点衣服吧。如果以后有了什么困难，就可以带着这块手帕到京城找皇……"

刘墉咳嗽了一声，乾隆自知失言，马上住了口。

和珅马上接话道："姑娘，这位是我们的大掌柜，在京城有买卖，你到京城之后打听'皇家大院'，并且说你要找的掌柜身边有两个仆人，一个姓刘，一个姓和，这样就能找到你干爹了。"

乾隆马上点头："没错，你到京城之后这么打听，就能找到我们了。"

小姑娘点点头，记下了这些话。

过了几年，小姑娘也已经长大成人，但是现在的情况不容乐观，灾荒席卷而来，父女俩已经被这可怕的灾荒闹得走投无路，只得到京城寻找女儿的干爹，请求他帮忙。然而，二人来到京城后，"黄家大院"以及那姓刘、姓和的仆人却怎么也打听不到。父女二人这才后悔自己当初没有问清楚名字，京城实在太大，找到这几个人太难了。

父女二人本就被灾荒折磨得不行了，又经过了一路的劳顿，现在已经奄奄一息了，并且身无分文。不得已，他们只能沿街乞讨，晚上在破庙中过夜。可是，老人年事已高，没几天就得了重病，让这个姑娘愁苦不堪。

这一天，姑娘终于是无法忍受这样的日子了，便打算在护城河边投河自尽。不过，她又担心自己的父亲，因此两头为难，只得坐在河边暗自垂泪。刘墉正好在附近晃悠，发现了她。女孩儿见有人过来，马上止住了哭声，一看却发现是和她干爹在一起的姓刘的仆人，因此马上向刘墉跪下了。刘墉见到了姑娘的长相，这才想起到底怎么回事儿，因此马上便把姑娘和她父亲接到了自己府上。这时女孩儿才知道，原来这个刘姓仆人其实就是皇帝身边的宰相刘墉，自己的干爹正是当今圣上。

知道这个情况后，父女二人便打算离开了，他们总觉得平民百姓无法和皇帝攀亲。不过刘墉却拦下了二人，说道："既然我知道了这件事，那就不愁皇上不认账。明天我就带着你们去见皇上。"

第二日，当刘墉将父女二人带到乾隆面前时，乾隆才想到自己"发配江南"时认下的干亲，因此马上将父女二人叫进宫来，在宫里安排了住处，好吃好喝地伺候着。然而，虽然宫里的物质条件很好，奈何这些太监却非常势利，再加上宫里的各种规律条文非常繁杂，老人终于受不了了，没过几天就去世了。父亲死后，女孩儿更加悲伤，过了不久也去世了。

乾隆听说后，便打算将二人送回家乡安葬，也好落叶归根。但是刘墉却不同意了，说："启禀万岁，臣有一事不明。"

听到刘墉"一事不明"四个字，乾隆就知道刘墉又要开始了，因此急忙摆手摇头，打算阻止他往下说。然而刘墉并没有理会，自顾自地说："虽然这位公主并非皇上亲生，但毕竟也是您亲自认下的干女儿。如果皇上就这么将她送回家乡草草安葬，不明白的人恐怕会另有想法啊！"

乾隆一听觉得也有道理，只好传旨将这个姑娘按照公主的葬礼仪式葬在了翠微路。

从这之后，翠微路便多出了一个非常巨大的坟头，人们说这正是那个女孩儿的坟，因此称为公主坟。

模式口

模式口是一个村庄的名字，位于北京石景山区的翠微山附近，原名叫“磨石口”。

为什么叫“磨石口”呢？这其中还有一个传说。

传说在很久以前，磨石口这个地方还是一片荒凉，过了很长时间才逐渐有了人烟，盖起了法海寺、承恩寺和慈祥庵这样三座庙。不过，庙里的和尚是多了起来，但是附近还是没有普通的百姓。

时间长河继续流淌，过了很久很久之后，这里才出现了普通百姓，不过只有四户，分别是殷、张、段、桥四家。这四户人家的日子过得非常苦，只能靠捡柴为生。

这一年，不知从哪里飞来了一只鸟，它的叫声听起来就像人在说话一般，并且还能听懂：“下挖，下挖，往下挖。”人们并不知道它的叫声到底是什么意思，于是便开始猜测。正当人们猜测的时候，又从村外来了一个小商贩，这个小商贩同样很奇怪，其他的人都是卖笔墨纸砚文房四宝，他却只卖墨，还不停叫卖：“我的墨只要磨一磨就能用。”

然而，只有物质生活丰富之后人们才会想着充实精神生活，现在这几个村里的人都穷困潦倒，根本没有心思买墨，因此就没理他。不过，即便如此，他还是不走，依然在这里叫卖，那只奇怪的鸟和他一唱一和，一个说完了一个叫，一个叫完了一个说，让人更加摸不着头脑。

这一人一鸟在村子里待了好几天，人们甚至有些厌烦了，因此便对这卖墨的说：“我们这里没有学堂，用不着这些墨，你还是走吧！”然而这人还是没有走，只是笑着说：“嘿，买点我的墨吧，磨磨就能用！”

人们依然不知道这人的葫芦里到底卖的什么药，直到有一户人家的菜刀钝了，才发现到底怎么回事。事情是这样的：

这户人家菜刀钝了之后，忽然想到卖墨的老是吆喝磨磨就能用，因此

就找了块石头磨刀，发现并没有想象中那么简单，正打算放弃，却发现自家小孩从卖墨的那里讨到了一块石头："卖墨的人给了我一块石头，他说这个磨刀很好用。"

因此这户人家便用这块石头磨刀，发现的确如此，磨出的刀很锋利。

小孩说："那个人说这块石头是他在村西的大坑中发现的，并且有很多。"

于是，这户人家便去大坑里挖，一下就挖到了非常多的这种石头，卖了好价钱。听说这件事后，其他几户人家也开始到大坑中挖石头，这四户人家因此而致富。

然而，当人们打算向那只鸟和那个人道谢时，却发现这一人一鸟已经消失不见了。

玉泉山的宝塔

玉泉山位于北京西郊，山上有一座宝塔，看上去风景非常秀美。然而在早期，这里并没有现在的美景，而是一片沼泽湿地，在这里生活的人们只能选择在地势比较高的地方居住，开垦一点点农田，勉强生存。那么问题来了，为什么这里会是沼泽呢？

玉泉山老照片

其实，在玉泉山的地下有一处海眼，每到夏天的时候就会向上喷水，将这里直接淹掉。这种情况让人们无能为力，只能默默叹息。

过了一段时间，事情出现了转机，新到任的地方官看到了这里民生疾苦，非常痛心，因此打算动员所有人，一同将这个海眼堵上，造福百姓。不过，地方官和百姓们一同苦干多年，这里的情况依然没有好转，海眼该喷水还是喷水，堵不住。这一下可让地方官以及百姓们犯难了，这填补海眼的工程到底应不应该继续呢？这是一个两难的选择，要么就放弃，那么这几年的努力全部白费；要么就继续，可是这海眼就像无底洞，谁知道什么时候才能堵上！

正在众人议论纷纷的时候，一个留着黑胡子、挑着锔锅的担子的老人走到了这里，他听到了人们的议论声后走了过来，问道："你们在议论什么？"人们马上将原因告诉了他。黑胡子老人听完之后想了想说："事情我大概明白了，我现在有个主意，不知道你们想不想听。"

众人马上让他说说看。

老人对地方官说："我这个办法需要1000个人，1000份我挑的锔锅的家什。能不能完成？"

"能，没问题。"地方官急忙说。

"很好，那你现在去准备吧，其他人跟我走。"老人马上带着众人，在沼泽北边的小土包上建造了一个非常像坟包的土堆。

过了不久，地方官果然准备了1000个年轻小伙，1000份他挑的锔锅的家什。老人见万事俱备，便说："现在，这1000个人分成四组，分别在东南西北，生起火，开始炼铁。"人们马上开工，鼓动风箱炼铁，在老人的指挥下将铁水浇在了那个土包上，铸成了一口非常巨大的铁锅。然而，这口铁锅消耗的铁量同样非常巨大，还差一炉铁水，可铁料没了，导致在锅沿的地方缺了一块。

老人说："现在已经没有时间了，不要管这个缺口了，不碍事。你们听我指示，一起把这口锅翻过来。"说完之后他便喊"一、二、三"，指挥着众人将这口锅翻了过来，正好堵在海眼的位置。之后老人又说："现在海眼已经堵上了，在上边造一座宝塔，就能镇住海眼，让它不再复发。"

眼看着海眼被堵住，人们非常惊喜，打算向老人道谢，却发现老人早已不见踪影。仔细一想，才知这位老人应该就是鲁班。

然而，这口锅的锅沿部分少了一块，这也成为这口锅唯一的瑕疵。最初的时候，人们觉得非常可惜，但是后来却发现有一股甘甜的清泉从缺口的地方流了出来，流过的地方土地都非常丰饶。人们这才发现鲁班是故意在大锅上留下一个缺口的，目的就是为了留住这股清泉。因此人们也就不再担心，在这清泉两边种上了稻米，正是有名的“京西稻米”。

这之后，铸造大锅的山便被人们称作“玉泉山”了。

玉泉山宝塔老照片

马村的由来

位于大兴区西南的永定河岸边坐落着一个名叫马村的村子，关于这个村子，还有一段故事。当年，李世民奉诏讨伐高丽，需要将粮草运到幽州，然而永定河畔活跃着一小股深入中原的高丽武装力量，在李世民到达这里的时候袭击了运粮队。运粮队的官兵战斗力自然不是最强的，不然也不可能被派来运粮，因此被杀了个七零八落，只有李世民一个人逃了出来，他骑着马跑到了一个位于永定河岸边的不知名村庄。

此时李世民又累又饿，根本没有办法继续前进，因此就停在了村子里，打算寻找一些食物。不过，他还没能找到食物，高丽的追兵便已经赶到。李世民大惊之下想上马离开，却发现自己连翻身上马的力气都没有了，无奈之下他只得赶走了马，自己则钻进一个大柴垛，在这里躲了起来。追兵发现了李世民的马，因此就去追那匹马了，李世民也因此安然逃脱，不过他的马却因此被杀。

追兵远离后，李世民才离开柴垛，脱力昏倒在地上。

这时，一个老太恰好从屋子里走出，打算从柴垛取一点柴生火做饭，因此发现了躺在地上的李世民。她马上喊来自己的老伴，一同将李世民抬到了屋子里，给他喂了些饭和水。一段时间后，李世民终于醒过来了。

李世民在这对老夫妻家住了几日，老两口把他像亲儿子一般对待、照料。李世民对二老说起了自己曾经被高丽人追杀以及追随自己多年的马被杀等情况。他和自己的马感情很深，一想到自己的马因掩护自己而死，就非常痛苦。

李世民在老两口家住了很多天，养好了身子才离开，他临行之前，老两口还把自己新买的耕田小马送给李世民当坐骑。见到二老这样照顾他，李世民非常感动，深深鞠了一躬说道：“二老大恩，日后必报！”说完李世民便告别二老，骑马上路了。

李世民

后来，李世民登基当了皇帝。唐朝初建，事务繁忙，李世民一度忘掉了这件事，过了很多年他才忽然想起，于是马上便带着大部队上路了。当他来到当年自己爱马死去的地方时，发现这个村庄依然在这里。

看到这里的一切，李世民又回想起了自己当年被高丽追兵围追堵截时只能钻柴垛逃生的情景，以及老两口热心救助自己的大恩大德。他感慨万分，翻身下马，按照当年的印象来到了对自己施以援手的二老家中。然而，此时距离当年已经过去了很长时间，当年的二老现在已经搬离了这个村落。

得知自己的救命恩人失去消息，李世民非常后悔，暗道自己应该早

一些记起此事。他在这里一连住了好几天，打算打听一下二老的去向。然而，无论他怎么打听，还是没有得到关于那二老的半点消息。

郁闷之下，李世民便来到永定河岸散步，排解自己的悲伤之情。忽然，他发现这里水草丰美，气候宜人，非常适合放牧，于是就想到了一个主意，打算将这里建造成马场，以此来纪念当年赠送自己小马的二老。想到这里，他马上离开了，回去后即刻选了大量良马，送到这里养育了起来，并且建造房屋，征召村民看守马场。与此同时，李世民心念当初二老的大恩，便赐村民千顷良田，将村子的名字改成了“马村”。

八宝山的宝贝

八宝山位于石景山区的东部，是由东西两座山峰构成的，高度并不算高，只有百来米。其实，最早期的时候八宝山并不叫这个喜庆的名字，而是叫黑山。那么，它为什么被叫作“八宝山”了呢？

传说在黑山山脚下有一个非常隐蔽的山洞，山洞中藏着八件金子做的宝贝：牛、马、鸡、碾、磨、豆、簸箕、笸箩。

很早很早的时候，黑山这里住着一对无儿无女的老夫妇，他们生活贫困，只能种植丝瓜维持生活。可是这一年，他们唯一的食物来源出现了一些问题，因为他们发现这一次种的丝瓜在浇水、施肥后不知道开花，只知道疯长，过了很久之后才终于开了一朵花，结出来的丝瓜却和正常的丝瓜不同，上粗下细，就像是长反了的瓢葫芦。这一点让老两口很是摸不着头脑，也不敢吃它，就让它挂在藤上。

没多久，老两口正在休息，却发现自家院子里来了一个怪人，这人一进院子就盯着那个怪丝瓜看来看去，在鬼鬼祟祟掐算一会儿之后，对老两口说打算买下这只丝瓜。

一开始的时候，两位老人并不打算卖，因为今年的丝瓜就结了这一只，如果卖掉之后来年的丝瓜种子就成问题了。

这个人又对老两口说他需要用这只丝瓜治病。听到他的话后，老两口认为治病救人才是最重要的，这才答应了他的请求，不过却没有要钱。

这个人喜出望外，对老两口说：“请妥善保管这只丝瓜，一定要等熟了再摘。”

怪人走之后，老两口自然对这只丝瓜爱护有加，小心地保管着，生怕把它弄坏了，无法用来治病救人，那可是大罪过。然而，这一年的天气非常反常，霜早早就下来了，眼看丝瓜要被冻坏了，老两口只能将它剪了下来，小心保管。过了一段时间，时间来到了九月初八，那人再次来到了老

两口家，发现老两口将丝瓜剪掉了之后心疼不已，连声说这丝瓜摘早了。不过，他似乎不想放弃这唯一的希望，因此就拿着这只丝瓜走了，但没有从他来的那条道离开。

老两口觉得事情有些蹊跷，便悄悄跟了上去，打算看看他到底要做什么。

这人并没有离开这座山，而是走到了山脚下，用刚才拿到的丝瓜在石壁上画了一圈。这一画不要紧，石壁上忽然出现了一个大门，只开了一个非常小的门缝。老两口从那个门缝中看去，发现里边金光闪闪，有好多金鸡、金豆、金碾子之类金光闪闪的宝贝。这人看着眼前的宝贝，自言自语地叹气道："如果这丝瓜熟透后摘下，这扇大门就能全部打开了！"

说完之后，他便想掏一些金豆出来，让自己这一趟不至于完全走空，然而，里边除了一些静物，还有一只金鸡，这金鸡见他要抢自己的食物，便狠狠啄了他一下，疼得他将豆子全撒在了洞内。当他打算再次伸手的时候，发现石门已经关上了。

这人一看自己得不到什么好处，只好垂头丧气地离开了。自此之后，这个地方有宝贝的传言就传开了，这座山也不再叫黑山，而是改成了"八宝山"，因为老两口从门缝中看到了整整八样宝贝。

鲤鱼胡同

因为这鲤鱼胡同老人比较多，所以它在明朝的时候是叫作“老人胡同”的。不过“老人胡同”又为什么改名为“鲤鱼胡同”了呢?

传说明朝时期，有一位来自河南的考生。这位考生家里非常贫困，又不得不上京赶考，因此只能步行。不过，步行的速度太慢，动身太迟的话会错过考试，因此他只能提前三个月离开了自己的家乡。

然而，俗话叫“福无双至，祸不单行”，这位考生路程刚走了一半，就遭遇了一场暴雨，因为这场暴雨的原因，他生了病，耽误了几天时间，所以到北京之后发现能住的地方全被其他考生住满了，他已经找不到落脚的地方。因此，他不得不带着自己的行李离开，寻找其他落脚之处。

他并不知道他能去哪里，所以面露难色，非常发愁。就在他思来想去的时候，迎面走来了一个老人，发现他这副模样，因此便问：“年轻人，你是不是找不到路了？”考生见老人非常和蔼，不像是有什么坏心思，因此便将自己的处境向老人原原本本说了一遍，之后叹气道：“我举目无亲，也没有地方住，恐怕这次的事情不好说啊！”

听到考生的话，老人说道：“嗨，原来是一位前来赶考的学生！如果不嫌弃的话就来我家住吧。”

考生并不认识这位老人，但是老人的这个提议却能解他的难处，因此他马上道谢，跟着老人走了，左转右转来到了老人的家。老人对考生说：“其实我原先是在贡院当差的，老了之后才退了下来，知道你们的难处。这里住的全是老人，所以叫‘老人胡同’，你就在这里住着吧，有时间看看书，也不错。”

考生点头应了，再次道谢。

这位老人家里就他一个了，因此考生也难得清净，就在这里安静读书。

时间慢慢过去，转眼，还有三天就要举行科举考试了。这一天的天气非常差，再一次下起了暴雨，老人胡同这里被这场暴雨灌得水流满地，一个时辰之后这雨才停。停了之后，人们居然发现从天上落下来一条大鲤鱼，在胡同里的水中游啊游的，甚是欢快。人们觉得这事甚是新奇，于是便围在鱼旁边议论开了。可是这议论没多久，天上忽然响起一声炸雷，这条鲤鱼马上飞了起来，飞到贡院后向上升，钻入云中不见了。

人们大惊失色，说："鲤鱼跳贡院，这是高中之相啊！"然而这老人胡同中居住的都是老人，应该没有参加科举的年轻人，因此人们也没再多想，只当是一件怪谈而已。

三天马上过去了，科举准时开始，考生们都前往考场开始考试。但是，河南考生却没有那么顺利，他来晚了，没有领到考试贡号。在他着急的工夫，那个老人对他说："我认识这里的考官，你现在随着其他学生一同进去，我让他给你发一张卷子，你好好考试就行。"考生想了想，认为自己必须要参加这次考试，便同意了。

由于在这次考试里他的身份非常特殊，于是在考试过后，考官便对他多上了几份心，打算看看他的卷子。这一看，考官的眼睛就直了，这份卷子写得非常好，让人眼前一亮。因此，考官马上叫来了其他几个考官，一同观赏了一遍之后对这位考生大加夸赞，将这位考生点成了头名。

这个消息传得非常迅速，人们马上就知道了这件事，因此之后每逢考试，考生们便争着来老人胡同借宿，这老人胡同也发达了起来。因为"鲤鱼跳龙门"的原因，这里就被称作"鲤鱼胡同"。

砖楼村的来历

砖楼村原名砖篓村，位于大兴区北臧村镇。这个村子的来历有好几个版本，其中流传最广的是一个和砖有关的故事。

明朝初期的都城是金陵，但是在明朝时期北方的游牧部落十分强大，因此过了一段时间之后朱元璋便将大梁（元大都）附近的汉长城加固、加高了一遍，又让燕王朱棣前往大梁镇守。燕王朱棣到达之后，又将大梁改叫北平。

加固、增高长城是一个浩大的工程，需要大量的砖。明朝之前，修筑长城的工作都需要从山东兖州送砖到大梁，但是这一段距离实在太长，北方的情形又十分紧急，因此燕王朱棣只得在大梁周围选择适合烧砖的地方，就地烧砖。

朱棣的手下选了三个地方，分别是城东十里的平房一带、东南二十里的黄亭子、百里之外的永定河东岸。万将军在这三个地方建造了烧砖工厂，朱棣也派了不少人来烧砖。这三个地方中数永定河东岸这里的土好，烧出来的砖质地坚硬，也最得朱棣喜爱，因此，这永定河东岸就成了三个地区中劳工人数最多的地方。这些劳工在此地定居了下来，逐渐形成了一个小村落，正是砖篓村的前身。

朱棣即位后，又在北京这里建造新京，这一工程更是需要大量的砖，因此这个以砖窑闻名的小村落再次火了起来，人们需要盖房的时候就会到这里来买砖，因此这个村便被称作“砖篓村”，之后又逐渐被叫作“砖楼村”。

明朝中期，国力强盛、局势安定，这个以烧砖闻名的村子也不再烧砖供朝廷修补城墙了，但是这个名字依然没有变。

诸葛营

诸葛营村位于大兴区西部的永定河河岸边。虽然三国时期鼎鼎大名的诸葛亮没有来过北京这片地方，但是这个村子的名字的确和他的一个传说有关。

最初，诸葛营并不叫这个名字，而是叫“田营”。田营的百姓比较贫困，以种田以及在永定河上摆渡为生。不过，田营有一户田姓人家，家境很好，非常富有，不仅如此，这户人家的主人乐善好施，经常帮助周围的乡亲，因此人们非常敬佩田家的当家田老爷子。

说起田老爷子，这是一个闲不住的、喜欢走南闯北的老人。有一次，田老爷子在游历名山名川的时候途经湖北襄阳，此时正值天气炎热的时期，再加上他一直在赶路，渴得不得了，所以田老爷子便不再赶路，找了一个阴凉地方休息，打算看看附近有没有水。他四下张望了一番，忽然发现在自己前边不远处有一大片西瓜地，这下他真是喜出望外，急忙走了过去。

西瓜地旁边坐着一个正在看书的青年，田老爷子看到他后马上走过去问道：“请问这是您的瓜田吗？”

青年放下书本，对他点了点头。

“您能不能卖一个西瓜给我？我现在快要渴死了。”

青年见田老爷子的确又累又渴，便放下书，去瓜田摘了一个好瓜，切开递给了田老爷子。田老爷子抱着西瓜大吃特吃，吃了大约半个，这才解渴。

田老爷子向青年道谢，并且打算将瓜钱交给青年，然而被青年拒绝了。

当田老爷子准备离开时，发现西瓜地旁戳着一个牌子，上边写着：“西瓜管饱，瓜子留下。”他这才大呼坏事，原来自己刚才吃瓜的时候忘了留瓜子。青年对他说不用担心，因为很多人想向他讨要一些瓜子回去种，但是之前的时候他没有注意留瓜子，所以很多人都非常失望。为了防止这种情况发生，他才立了这个牌子。

田老爷子发现这一片瓜地都是沙土，于是马上就想到了自己家乡的沙土，再加上吃完西瓜后他总觉得这西瓜非常美味，和其他的西瓜有很大的不同，因此便求青年给他一些瓜子回去种。青年非常爽快地给了他一包瓜子，并且将所有的种植经验和方法传授给了他。

田老爷子大喜过望，忙问青年姓名，青年说叫诸葛亮。

田老爷子再次道谢，回到了家乡。他按照诸葛亮所说的方法种植了大片西瓜，在西瓜成熟之后发现果然又大又甜。种瓜方法成功后，田老爷子便向前来学习种瓜技术的乡亲们传授了所有的种植经验，将瓜子分给了他们。自此以后，永定河畔的沙土上就开始种植西瓜了，每一年都是大丰收。

过了很多年，刘备三顾茅庐，将诸葛亮请到蜀汉做了军师。田老爷子这时才知道送给他瓜子、传授他经验的人正是这位名头响亮的诸葛亮，为了表达他的感激之情，他便将田营改成了“诸葛营”。

诸葛亮

朝宗桥

德胜门和昌平之间有一个小镇，名叫沙河镇，沙河镇南北各有一座桥，分别是南大桥和北大桥。这南大桥没有什么可讲的，因为这座南大桥是最近一些年新修的桥，现在我们要说的是北大桥。这北大桥建成于明朝，是一座七洞石桥，桥的背面有一块刻着“朝宗桥”的石碑，因此北大桥又叫朝宗桥。

传说在明朝之前，沙河上是没有桥的，最早的桥是明朝时期建造的。

明朝皇帝派了两位大臣一同前往沙河建桥，其中一个名叫赵朝宗，是个忠臣，他负责修北大桥；一个名叫……其实人们不知道另一个叫什么，因为这另一个大臣是个不折不扣的奸臣，人们早就忘了他的名字，这个奸臣负责修建南大桥。

赵朝宗对建桥一事非常上心，材料要最好的，建造的时候也是秉持着“慢工出细活”这一理念，所以修建的桥根基非常结实。不过，也正是因为“慢工出细活”，这北大桥的修建速度有些缓慢。然而，那奸臣贪污了大量银子，将整个桥墩修建得“外强中干”，从外边看不出什么来，但是里边全是沙子，不仅如此，桥面也修建得比较薄。因为偷工减料，这南大桥的修建速度比北大桥快很多，南大桥修建完毕后，北大桥才完成了差不多一半。

奸臣建造完南大桥之后马上就去皇帝面前邀功。皇帝见他工作完成得如此之快，有些怀疑，便让一个太监前去查看南北两座桥的建造情况。这个太监先来到了北大桥这边，此时的赵朝宗一直忙着建桥，怠慢了这个太监，让这个太监非常不高兴。

太监来到南大桥这里后，奸臣知道赵朝宗没有招待他，因此便摆了一桌子宴席来招待这个太监。虽然南北大桥差异巨大，但这个太监和那奸臣却因为钱串起了关系，同流合污，不仅对南大桥的“外强中干”隐瞒不报，还添油加醋地将北大桥进展之缓慢说给皇帝听。

过了一段时间，北大桥终于完工，赵朝宗急急忙忙将建桥的耗资报给皇帝。

由于赵朝宗建桥是实打实地建，因此耗费的银子自然比奸臣那边多很多，但是，皇帝却再一次起了疑心，马上叫来赵朝宗和奸臣问话。赵朝宗本是得理的一方，哪知这奸臣竟倒打一耙，恶人先告状，污蔑赵朝宗耗费这么多银子是因为他自己贪污了去。赵朝宗自然不知道奸臣花的银子为什么那么少，因此只能被说得哑口无言。

皇上听了奸臣的话，再加上当日那太监添油加醋的一番言辞，不禁愤怒不已，直接就将赵朝宗斩了，给奸臣升了官。

然而，俗话说“要想人不知，除非己莫为”，这奸臣还没蹦跶几年，就出了大事。这一年夏天暴雨频发，导致沙河水位暴涨，水流湍急，直接将南大桥冲垮了，桥墩中的沙子全部暴露了出来，然后被大水冲了个一干二净，只留下了一层桥墩皮。相比之下，坚固的北大桥却在洪水中纹丝不动，坚固如初。

得知南大桥和北大桥的情况后皇帝勃然大怒，他这才知道自己被奸臣和太监蒙骗了，又为赵朝宗一事感到羞愧，因此马上下旨，当即杀掉了这奸臣和那太监，然后在北大桥的桥头立下了一块碑，上书三个大字：“朝宗桥”，为赵朝宗平反。

教子胡同

其实，教子胡同的原名是“轿子胡同”。至于为什么叫“轿子胡同”，人们都不太清楚，但是，至于它为什么改叫“教子胡同”，就要从清朝时期的一个传说说起了。

据传，在清朝末期的时候，轿子胡同里住着母子二人，母亲姓王，叫王氏，小孩儿不知道具体什么名字，只知道叫小宝，年方六岁，聪明机灵。二人本是处在一个非常美满的家庭中，然而小宝的父亲却在年前得病死了，这一下就让母子二人的生活跌入了谷底。俗话说：“穷在街头无人问，富在深山有远亲。”现在这母子二人可谓是举目无亲，亲戚朋友都怕连累，因此都离得远远的。

不过，小宝的一个表叔倒经常来小宝家，然而也只是偷东西而已。

见此情景，王氏不禁悲从中来，大哭不已，昏迷了过去。

就在王氏昏迷之后，小宝的表叔出现了，他是一个鸦片中毒已深、坏到骨子里的人，毫不夸张地说，如果烟瘾犯了，他甚至能把亲爹卖出去。这当然不是开玩笑，他早在之前就有过前科，二百两就将自己的老婆卖了。丈母娘好久不见自己的女儿，便来找人，结果他转手就将丈母娘卖了，一百两到手。

这一天小宝的表叔卖了些什么呢？他卖掉了自己的房子。

小宝的表叔拿着鸦片一通吸，又抱着酒一通喝。吸完喝完之后他才发现坏事了，自己没有地方睡觉了。虽然他揣着五十两银子，但这些都是用来买大烟的，他可舍不得住了店用，因此他便想了个坏主意，打算到小宝家过一夜，顺便偷点东西。

他进到小宝家后，王氏不知怎的醒了，接着他就隐约听到“死鬼”“回来”等字眼。这一下可把他吓得够呛，只道是自己表亲还魂，急急忙忙打算向外走。这个过程中他好像碰到了什么东西，迷迷糊糊间将兜里的银子掏了出来，狠狠砸了过去，然后溜了。然而，王氏到底说了什么呢？她不过是哭着抱怨几句而已，谁承想这表叔做贼心虚，会错了意，东西没偷到，五十两银子反倒扔在了王氏身上，把王氏又砸昏了过去。

其实，这王氏只不过是对自己的丈夫抱怨了几句而已，说些“死鬼，你这一去我怎么生活，赶紧回来吧”之类的话。

王氏醒了，发现自己身上多了一堆银子，不禁愣了愣神，之后是喜出望外，认为是财神爷看她家苦，这才给她带来了银子。

有了银子，王氏和小宝的生活逐渐好转了，王氏也重振精神，给别人家里做点活挣点钱，供自己和小宝生活。可以说，王氏对自己的儿子小宝倾注了全部的心血，极其宠溺，要什么给什么，生怕小宝不高兴了。然而，小宝并没有对得起王氏对他的好，十二岁的时候就已经非常调皮捣蛋了，并且不服管教，翻脸堪比翻书，一旦闹情绪，手边有什么就摔什么，任性无比。

但是王氏并没有发现问题的严重性，她总认为小宝长大之后便会有所好转，为了让小宝收敛一点，她又给小宝请了一个先生来教他读书。不过，小宝做错事之后，因为先生谴责了他，他便用砚台把先生的头打坏了，所以请先生的事情也不了了之。

街坊都看不下去了，纷纷劝王氏管教一下小宝，然而王氏总以“小宝还小”为由拒绝了。小宝知道街坊的话之后，还对街坊邻居进行了报复，让人们苦不堪言。不过，王氏依然护着小宝，说小宝还小，只给小宝说说大道理，雷声大雨点小。

有王氏护着，小宝更加天不怕地不怕了，不仅胡乱折腾，还跟几个街头流氓鬼混，反正王氏也只会苦口婆心劝导，根本没用。结果倒好，这一混混出事情来了，这几个流氓为了抢点钱，怂恿小宝把人杀了，衙门的人直接抓了小宝一个正着。小宝砍头之前对王氏咬牙切齿地说：“我恨你！你什么也不管我！就由着我胡闹！”说完后便被砍了头。

自己瞎闯祸却怨父母管教不严，这样的歪理还是头回见。

街坊们为了引以为戒，便将“轿子胡同”改成了“教子胡同”。

桑马房的传说

桑马房是大兴区西南边的一个小村落，这个村落的起源没人知道，但是这个名字却是从宋朝时期开始出现的，关于此，还有一个传说。

据说在宋徽宗年间，宋朝和北方的辽国战火不断，两国边境上时有摩擦。有一次，辽国的萧太后亲自督战，结果在南下的过程中被宋朝军队击溃，不得已只能向北逃亡，途中来到了一座废弃的草屋。当时的天色非常阴沉，马上就会下雨，因此萧太后急忙催促马匹加快速度前进。奈何夏天的天气阴晴不定，雨是说下就下，没有办法，众人只能回到草屋中避雨。然而，这是草屋，不是木犀、砖屋，雨下得实在太大，直接就将草屋的屋顶灌了个大洞，萧太后等人马上就被暴雨淋了个透心凉。

萧太后早就没了太后的风光，也顾不上尊卑之分了，和自己的手下窝在一起取暖。

这场暴雨下了三个时辰才算停，萧太后等人见雨停了，急忙离开了草屋，打算骑马离开此地。然而，当萧太后等人来到自己拴马的地方时，发现拉车的马经受不住暴雨的冲击，已经死去多时了。

看到自己的爱马死去，又想到自己最近的处境，萧太后伏在死马身上大哭不止。哭喊了一段时间之后，萧太后拔出了自己的佩剑。随从们以为萧太后要自杀，急忙冲上前制止，却被萧太后呵斥了一顿。原来，她并不是要自杀，而是走到了拴马的柳树旁，用剑刻上了“丧马房”三个字。

过了大概一年，有几户姓宋的人家来此地定居，发现柳树上刻着“丧马房”三个字，便以为这里就叫丧马房，所以就把这里的村子定名为“丧马房”了。不过，由于“丧”字非常不吉利，这才将它改成了“桑马房”。

黑龙潭

黑龙潭位于北京西北地区，是一个风景秀丽、几乎尽人皆知的胜地。但是，黑龙潭北边有个叫白龙潭的地方，这个就没多少人知道了。虽然黑龙潭、白龙潭名字中都带“龙”，但是这两个地方并没有龙，就像鲸鱼不是鱼一样。同样地，正是因为黑龙潭没有龙，才出现了一个传说。

在“高亮赶水”的传说中，高亮将龙公、龙婆、龙子、龙女全都赶到了玉泉山下，并将龙女变的水篓一枪刺穿，因此龙婆只能带着龙女前往山北的黑龙潭。这个关于黑龙潭的传说就从这里而起。

龙婆带着龙女逃到了黑龙潭，在石头底下藏了起来安了家，慢慢休养生息。过了没几天，高亮整出来的伤口就已经完全愈合。

龙女是一个非常闲不住的人，在石头底下待久了自然会感到厌烦，便从石头底下钻出来，在黑龙潭中游泳。不过，游的时间长了，次数多了，游泳也腻了，她就求着龙婆，希望龙婆能让她变成漂亮姑娘出去转转。龙婆知道这是非常危险的事情，不过见龙女苦苦哀求，也不忍心违了她的意，于是便说：“出去可以，不过一定不能走太远，并且要注意安全！”

龙女马上点头答应。

得到了龙婆的同意，龙女马上变成了一个小姑娘，每天都跑到潭上去玩。这么多天下来，她并没有遇到什么人，自然也遇不到什么危险，因此她和龙婆都逐渐放下心来。

然而这一天，龙女在山上采摘野花的时候，却看到了一个年轻人。这个年轻人一袭白衣，头顶盘龙帽，凶神恶煞地对龙女说道：“你可知道我是谁？”

龙女说：“我当然知道，你是一条白龙。”

白龙哈哈大笑，说：“知道就好。现在我要告诉你，我曾经受过‘皇封’，这水潭是我的，别人是不能住的！”龙女听罢非常不满地说道：

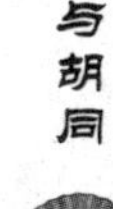

“我在这里住了，它就应当是我的。”听到龙女的话，白龙马上发怒了，说：“这可是你说的。”

龙女颇不服气地说：“是我说的。”

白龙哈哈大笑，说道：“其实，想住在这里也不是不可以，只是，你要嫁给我，才能在这里住。”

听到白龙的话后，龙女气得瑟瑟发抖，叫道：“你不要想了，我不可能嫁给你！我们就在这里住下了，你能怎么样？”说完之后龙女甩了甩自己的翠蓝色玉耳环，跑回了黑龙潭。

白龙看着她的身影大叫道：“你听好了，限三日之内给我答复！不然的话，我就要找你母亲算算账！”

回到黑龙潭后，龙女马上跑到龙婆旁边放声大哭，将白龙的事情一五一十说了。龙婆听完龙女的话后非常愤怒，说道：“你爷爷和你爸爸一个想将北京城的人淹死，一个想将北京城的人渴死，这两个人是出不来了！现在我们落魄了，就算是条小孽龙都能踩在咱们头上！咱们不能这样！我要和他拼了！”

一听龙婆这么说，龙女也有些慌张起来：“您能打得过他吗？”

龙婆摇摇头说：“按理来说是打不过的，他对这里很熟悉，并且他一准会要挟当地的人给他补充能量。不过我可不怕他！”

白龙知道龙婆不可能善罢甘休，也不可能将女儿嫁给他，因此老早就开始做打算。他变成了一个白衣青年，找到了附近的村子，指了指白龙潭旁边的龙王庙说：“看到那个龙王庙了吗？我就是龙王。”

听到这话，村里人马上跪拜在地。这个村子附近经常闹旱灾，为了求雨，他们才建造了龙王庙，正因为此，这里的气候才好了起来，因此对龙王深信不疑。看到这些人都跪在地上，白龙非常满意地点了点头，说道：“我现在需要你们的帮助。三天之后，我要和黑龙潭里的一条野龙较量较量，不过我不确定我能不能赢。到时候会有一黑一白两条水柱，只要你们看到白色水柱短了下去，就往白龙潭里扔馒头，助我一臂之力。如果成功的话，我继续保你们风调雨顺！”

村子里的人自然非常乐意帮忙，于是答应了白龙的请求。

黑龙潭中的龙婆早知白龙有此一着，便叫来了黑龙潭中所有的鱼，并对它们说："我找来你们也是没有办法的事。其实我们本来和你们安静地做邻居，但是白龙潭的孽龙想抢我女儿做妻子，这是绝对不能容忍的，简直欺人太甚。他已经找过附近村民帮忙了，所以我现在需要你们的帮助，需要吃掉你们，帮我填饱肚子。如果我胜了，我会将生命还给你们；如果我败了，就由我女儿把生命还给你们。"

龙婆已经把话说到这分上了，大鱼小鱼也不再说什么，同意了龙婆的请求。于是，龙婆马上化身成了一条巨大的黑龙，一张口将所有的大鱼小鱼全部吃掉了。

第三天转眼就到了，正是白龙和龙婆大战的日子。这一天本是晴天，阳光明媚，但是白龙潭忽然就冲起了一股白色水柱，伴随着一声晴天霹雳，水柱马上向着黑龙潭席卷而来。同时，黑龙潭也不再安静，突然间又出现一股黑色水柱迎上了白色水柱，瞬间便纠缠在一起。

这两条水柱在空中纠缠了三天三夜，还是没能分出个高下。不过，随着时间的推移，白色水柱却越来越矮了，见此情景，村民们马上就将早已准备好的馒头扔到了白龙潭中，白色水柱再次增高。就这样循环往复，第三天晚上的时候，人们只听一声巨响，两条水柱同时坍塌，大水全部回到了潭里，只留下了两具龙尸。

二龙相斗三天三夜，白龙和龙婆两败俱伤，全部死在了当场。

龙女看到母亲死亡，不禁悲从中来。她向着水潭边的石头上猛力撞去，将自己撞成了碎块，一块一块落在黑龙潭中。龙婆曾经说过要她偿还大鱼小鱼们的生命，她只能照做。

只见龙女的碎块全部变成了小鱼，其中还出现了一种长相奇特的鱼，这种鱼的四个腹鳍全部长在前胸，两腮有两个蓝色的小圆点，身体的鳞片在阳光下闪烁着五彩的光芒。人们都说那两个小圆点是龙女戴的耳环，而身上五彩的鳞片则是龙女鲜艳的衣服。

这种小鱼一般都在潭底待着，不会浮出水面，人们认为这是龙女知道浮出水面之后又会招来祸端，因此不敢这样做了。

因为这种小鱼在水中游动的时候就像是五彩的布片漂在水中，因此人们便称其为"布鱼"。

然而，这黑龙潭虽有了布鱼，却没了龙。

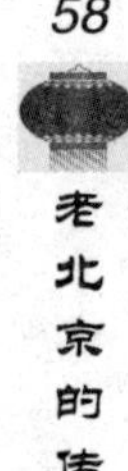

万花娘娘的传说

万花山离家喻户晓的香山非常近，上边有一座供奉着万花娘娘的庙。

万花娘娘到底是谁？这里曾经发生过什么事？

传说在距离这里很远的地方有一个村庄，村庄里住着一户人家。这户人家的第一个孩子是个女孩儿，父母给她取名为“爱女”，对她万般宠爱。然而，这种好日子并没持续太长时间，爱女的母亲在爱女六七岁的时候去世了，爱女的父亲只好再娶了一个。

最开始的时候，爱女的后娘同样非常喜欢爱女，但是等到她有了自己的女儿“娇女”之后，对爱女的态度就一点点变差了，有一点小事就对爱女大加训斥，这个看不惯，那个也看不惯。最初的时候，爱女的父亲还会偏袒着爱女一点，但慢慢地，他也在一次又一次的训斥中麻木了，不再替爱女说话，因此，爱女遭到了排挤。

过了没多久，爱女的后娘看到爱女就觉得烦，便打发她去和家里的放牛娃一同放牛。

爱女的父亲并没有为她辩解什么，因此她只能和放牛娃一起放牛。

放牛娃的家里非常穷，父亲借了这一户人家的钱，但是因为种种原因无法还清，所以将放牛娃叫来这家放牛，偿还债务。从七岁开始，放牛娃就已经在这里放牛了，现在已经过去了很多年。他的生活非常艰苦，只要惹得这户人家不高兴，就没有饭吃，还会挨一顿打。可是即便如此，他为了替父亲还钱，还是坚持了下来。

看到爱女被家人赶来放牛，放牛娃心里总觉得不是滋味，认为她很可怜，因此经常摘些野花送给她，和她一起玩。爱女也见放牛娃吃不上东西，非常可怜，便从自己家里偷偷带出食物来和他一起吃。时间一长，二人的关系越来越好，也越来越亲近。

爱女的后娘看到之后却觉得有些不痛快，对爱女的父亲说：“不要让放牛娃和咱家爱女一起放牛了，他已经十四岁了，该避嫌。”爱女的父亲听到之后一脸惊讶，问道：“你这么说是看到了什么吗？”

“我肯定没看见啊，不过等我看见了还得了？别人早就该传闲话了！”

爱女的父亲听到之后觉得有理，便把放牛娃卖到了其他地方，给其他的人家当放牛娃。爱女得知此事后伤心不已，心想自己的后娘不爱自己，父亲也不爱自己，那么自己干脆离开这里去找放牛娃吧。

说做就做，在一个月黑风高的夜晚，爱女悄悄溜出了自己的家。可是，她不知道放牛娃被卖到了哪里，因此就翻过一座山，越过一条河，又翻过一座山，又越过一条河，一直走了九九八十一天，四下打探着放牛娃的消息，却依然一无所获。

这一天，她拖着疲惫的步伐来到了万花山。因为饥饿，她便走到了一个小庙中寻找供品吃，然后打算在供桌上休息一下。然而她没想到的是，她这一休息，再也没醒来。

这里的人们发现她坐在供桌上，并且容貌美丽非凡，就认为是神仙在此坐化，因此将她当作娘娘供奉了起来，每日都奉上山里最漂亮的花朵。时日一长，人们便将她称作万花娘娘了。

谐音避祸

也许有人该问了，谐音避祸明显不是地名或者胡同啊？其实，虽然传说是这样的，但是它的确和地名有关。据说在明朝时期，北京安定镇佟家务村出了一个名叫佟九龄的举人，这人在自己家乡开设了一个药铺，自己当了坐堂医，生意不好也不坏。

当然，如果只是这样的话也没必要再说下去了，之所以会提到他，是因为他在当坐堂医的时候不知怎的就笼络了几百人一同造反。

听说这件事后，朝廷马上派了断案如神的彭朋前往剿灭。彭朋接到指示后，马上就带着军队从南阳古道赶来了，并在东芦和西芦两个村庄驻扎了下来，距离佟家务村只有几里的距离，非常适合突袭。

彭朋认为，剿灭叛乱之前应当先了解事情的全部经过，并且对佟家务村进行深入调查。在他看来，作为一个举人，作为一个悬壶济世的坐堂医，无论怎么想也不太可能造起反来，行不仁不义的杀人放火之事，所以他认为此中定有蹊跷，打算先观察一番再作打算。然而，还没等他观察一番，佟九龄就带着叛军杀了过来，直接将彭朋带来的军队冲散，就连彭朋也差点死在叛军手里。

这一战让彭朋后脊发凉，心道原来这个坐堂医真的叛乱了，因此也就不再想先调查一番再动手了，直接就收拾了残兵，在青云店重整旗鼓，打算一举剿灭佟九龄的叛军。再看佟九龄那边，因为首战告捷，人们都非常兴奋，不由得自大起来，邀功者有之，说彭朋狂妄不值一提者有之，说朝廷无能者亦有之。

彭朋整理好残兵之后，再次来到了东芦和西芦两村。这一次，因为战争的关系，村里已经没什么人了，只剩下了一个陈姓秀才还在这里住着。他见彭朋又来这里驻军，马上便拜见了彭朋，道：“将军可知上一战为何失利？”

彭朋非常不解，便问道：“先生以为为何？”

陈秀才道：“将军上一战时将兵驻扎在了这两个村子，这才造成了失利。”

听到陈秀才的话，彭朋有些摸不着头脑，便问道：“这是为何？”

陈秀才道：“将军可知‘冰不住炉’的道理？现在这两地名中有炉（芦），您在这里驻冰（兵）当然非常不利，不管有多少冰（兵）都会被融化。”

彭朋这才恍然大悟，问道：“依先生之见，又当如何？”

陈秀才道：“将军所治皆为虎狼之师，行天道之事，因此应该驻扎在大狼垡，对您的大军最有利。”

“多谢先生指点。”彭朋听完陈秀才的话后马上便依他所说转道去大狼垡驻扎了。果然，过了没多久，佟九龄的叛军便被彭朋镇压了下来。

这件事情被后人写成了《彭公案》，并且将大狼垡改成了大狼山，陈秀才所说“冰不住炉”的说法也一直流传了下来，所以，东芦和西芦两个村庄再也没有驻扎过军队。

回龙观的传说

听到回龙观这个名字，人们的第一反应就是这里有一座道观或者曾经有一座道观。

然而在早年间，回龙观是一个普通到不能再普通的乡镇；现在，回龙观是一个非常繁华的住宅区。并且，不管是过去还是现在，回龙观镇都看不到半点道观的影子。

那么回龙观到底有没有过道观呢？它这个名字是怎么来的呢？

回龙观遗址

说起来，回龙观这个名字的来源一共有两个传说，其中之一要追溯到明朝时期。传说在明朝时期，土木堡之变时明英宗朱祁镇亲自前往军中，指挥大军对抗瓦剌，结果却被瓦剌军队击败，朱祁镇也做了俘虏。听说了这个消息，大臣们都慌了神，如果这个皇帝被抓走，大明很可能就没有皇帝了，俗话说“国不可一日无君”，这一下不止一日了，不定多少日无君呢，明朝肯定要大乱。

所有的人都在发愁、人心惶惶之际，兵部侍郎于谦站了出来，提议将明英宗朱祁镇的弟弟朱祁钰立为景泰帝，主持应对瓦剌的攻势。然而，这个决定出台没多久，瓦剌便撤军了，将明英宗朱祁镇带到了瓦剌国都。可是过了几年，他们发现明朝又立了一个新皇帝，这朱祁镇自然也无法当作要挟明朝的筹码了，就把他放了。

朱祁镇回国后，原本想从自己的弟弟这里取回属于自己的皇位，然而朱祁钰却将他软禁了起来，目的是继续当皇帝，并且让自己的儿子取代朱祁镇的儿子成为皇位继承人。然而，朱祁钰的算盘并没能打响，先是他的儿子朱见济夭折，然后又发生了“夺门之变”，大臣们迎接朱祁镇出了冷宫，夺了朱祁钰的皇位。

朱祁镇再为皇帝之后马上将朱祁钰贬为郕王，并令他生不能祭祖、死不能入葬昌平天寿山明帝陵。

对朱祁钰来说这已经是非常严重的惩罚了，所以他只能在一座小庙里遥望天寿山，心里默默祭祖。因此，这座小庙便被称作回龙观。

明英宗

燕儿岭

燕儿岭位于香山的北部，名气和香山差不多，每到春天，燕子们就会飞到这里来。有人说这些燕子是一个名叫金燕的姑娘变的，她从南方飞回来的目的是为了看望她的老父亲。

这一传说源自明朝末年。当时李自成率领农民起义军攻进北京，崇祯皇帝为了保全北京城，便下令在附近的村落中征召壮丁，准备与李自成的起义军做个了断。这些都是故事的背景。

在香山脚下有一户姓金的人家，这户人家只有三口人，一个姓金的老中医带着他的一儿一女在这里生活了数年，儿子名叫金锁，女儿名叫金燕。

这一天，兄妹二人正在山上采药，明朝官兵忽然来到了山上，发现了正在采药的金锁，便把他抓走充军了。金燕和金老头得知这个消息后不禁悲从中来。明眼人都能看出明朝已是气数将尽，李自成攻占北京只是时间问题，因此被明朝官兵征召上了战场就等于送死。

然而，金锁却在不久后满头大汗、上气不接下气地跑了回来。看到金锁回来，金燕和金老爷子自是喜极而泣，马上问他怎么逃出来的。

金锁一五一十地将事情经过说了一遍。

金锁被官兵抓走后，正要被押向关外，然而在经过长城的时候迎面遇上了一大队人马，这一队人马将押解壮丁的官差全部杀掉之后把他们全部解救了出来。金锁发现那队人马的旗帜上写着一个大大的“闯”字，便知是李自成的军队，因此非常感激。可就在这时，一支箭射来，为了保护金锁，李自成本人却被射伤了。

金老爷子得知此事后，马上就让金燕去山中采药，将治疗外伤非常有效的“马蹄草”带给李自成。金燕便去香山北边的“险儿岭”上采了大量马蹄草，在她打算下山的时候却发现了大地主刘拐子的儿子。

这小子并不是个好东西，仗着自己家家财万贯，飞扬跋扈、横行霸道。早先的时候他就已经垂涎金燕的美色，找自己父亲到金燕家求了三次亲，然而金老爷子并不买账，把媒人全部赶走了。他一直对这件事情耿耿于怀，今天早晨又看到金燕独自上山，这才起了歹念，跟上了她。

金燕知道这人来了总没好事，因此马上舍命奔逃。谁承想，这座山她并不熟悉，跑着跑着，竟然跑到了悬崖边的绝路上。想到刘拐子的儿子已经在身后，她没有选择，只好狠着心跳下了悬崖。

金老爷子在家里等女儿回来，但是过了很久，天色已暗，还是没有听到女儿回来的声音。金老爷子非常担心女儿，便拄着拐杖到山上寻找。可谁知这晚上山风很大，再加上老人年事已高，爬上山时已经劳累不堪，走路一个趔趄，脚下一滑，滑到了山沟里。

现在回头看金燕。金燕跳下悬崖之后却没有死，而是挂在了一棵树上，侥幸捡回了一条命。又一个上山砍树的老人发现了金燕，急忙救起了她，把她送回了家。然而，她回到家后发现金老爷子不在家，想来是去找她了，因此她又急急忙忙上山去寻找自己的父亲。

金燕一刻不停地找了一晚上，才终于在山沟里发现了奄奄一息的金老爷子。金老爷子见到金燕后发现她没事，松了一口气道："别管我了……带上药去交给闯王……"说完便溘然长逝。金燕一边哭一边将自己的父亲埋在了险儿岭的山洞中，然后带着药下山，打算去找李自成。可谁知，那个刘拐子的儿子阴魂不散，带着大量手下又跑了过来，金燕没有办法，只能再次跳崖。但是这一次她没有掉到山下，而是变成了一只燕子，拍打了几下翅膀飞走了。

看到这一幕，刘拐子的儿子以及众手下都惊呆了，丝毫没注意自己已经追到悬崖边，全都掉下了悬崖摔死了。

金燕将药送给城里的李自成后便打算回家，然而她马上想到自己的父亲已死，自己的哥哥又跟着李自成闯天下去了，自己又能如何？没有办法，她也投奔了李自成。

没多久李自成的大军便要南下，金燕只得去险儿岭向自己的父亲告别，之后随着大军前往南方。只是，每年的春天她都会变成燕子回来祭奠自己死去的父亲，时间长了，人们便将"险儿岭"改成了"燕儿岭"，并且在燕儿岭上修了一座庙来供奉她，叫作"金娘娘庙"。

朱脑村的由来

朱脑村原名“朱恼村”，传说这个名字和明成祖朱棣有关。

朱棣11岁时被封为燕王，后以“清君侧”为名夺取了侄子朱允炆的皇位，将国号改成了永乐。在他当政的这些年内，他曾经多次向北方边境派兵抵御蒙古的进攻，而这个故事正是发生在他某次率军攻打蒙古的途中。

朱棣在向北征伐经过长子营的时候，忽然觉得腹中剧痛，疼痛难忍之时他马上叫来太医查看，然而众太医研究一番，都没有查出个所以然来。眼见朱棣疼痛难忍，脸上已经满是冷汗，太医们可是急坏了。

正好在这个时候，一个随从发现在北边的山坡上有一个道观，当地村民都说这座道观有神力，只要在里边焚香祷告，就能有求必应，或许能够治好朱棣的腹痛也说不定。听到这个消息，朱棣也顾不上真不真假不假了，果断率领众军士赶往这座道观，打算在道观中焚香祷告一番。

众人刚刚抵达道观门口，道观中就走出了一个老道。他看到朱棣的样子之后愣了一下，不禁叹起气来。看到老道这种反应，朱棣腹痛的冷汗还没退去，又吓出一身冷汗来，急忙问这位老道为何叹气。

老道说：“我看您有入骨之灾，故叹息。”

朱棣大惊失色，问道：“道长如何得知？”

老道说：“您的面相显示您杀戮过重，且曾殃及过多无辜。”

听到老道的话，朱棣的心又凉了半截。这个老道说的一点没错，他曾经因为发怒，杀掉了宫中3000多名宫女。可是还没等他说话，老道又说：“杀戮过重，定有此劫，如不破解，悔时晚矣！”

朱棣腹痛已经难以忍受了，自然知道老道所言非虚，便问道：“求道长指教！”

老道闭目说道：“少杀戮、多行善，此劫自解。”

朱棣急忙点头。

老道见朱棣并没有生气，知道他是认同了自己的想法，也有悔过之心，便取出了一颗药丸，递给了朱棣，道："吃下这颗药丸，腹痛自然消失。"朱棣急忙道谢，将药丸接过吃了。

这颗药丸当真神奇，朱棣吃下药丸之后，腹痛果然消失了。朱棣暗自感叹自己遇上了高人，对身边的一个部下说："现如今我们还需北上，但是你不用跟去了，你在这里将这座道观重新修葺一下，再造金身，我北伐回来定要来此参拜！"

这个部下马上领旨，朱棣也继续向北前进了。然而，这个部下忘了问朱棣要修多大的道观，因此又追了上去，直到现在的朱脑村这里才停下。朱棣说："建造的道观一定要大，在我现在这个地方就要看到它。如果我看不到，就是道观太小。"

这个部下听完之后马上答应了。为了防止自己忘掉朱棣所站的位置，他就叫人在这里住了下来，这便是朱脑村的前身。做好这些后，他马上拆掉了原来的道观，建造了一座五进五出的大型道观。而就在此时，朱棣正巧北伐回来，这个部下小心翼翼地邀请朱棣向道观瞭望，朱棣发现什么也看不到，道观还是太小了。朱棣非常愤怒，打算将这个部下杀掉，不过他马上想到了老道的忠告，这才消了火气，对这个部下说道："你听好，我再给你一次机会。你一定要把它造得再大一点，我在这里一定要看到它。"

这个部下如蒙大赦，马上应了，又和村民商量对策，说要把道观再修大一点。

然而，村子里的人的资金都用光了，再也拿不出半点钱来修建道观，这个部下听后又发愁了，如何才能将这座大道观修好呢？这时，又一个年轻村民提议道："你看这样行不行，咱们在后殿加盖一层后皋，这样应该就可以交差了。"

这个部下听后觉得方法可行，因此马上动工，加盖了一层后皋。一个月后，朱棣又来视察了，这一次他站在原地，隐隐约约能看到远处的道观。这一次朱棣非常高兴，赏赐了铜钟、铁塔、透亮牌这三宝。

当初朱棣生气恼怒的地方逐渐形成了一个村庄，就叫作"朱恼村"，意为朱棣在这里发过火。不过后来，传着传着就传成了"朱脑村"。

驴房村

前边我们曾提到，刘墉参了乾隆一本，直接让乾隆改了大清律，将自己“发往江南”了。这次的故事，说的就是乾隆“发往江南”途中的经历。

说来乾隆下江南的时候，和珅还没跟上来，他和刘墉二人来到了大兴。由于这天晚上月亮高挂，月光正浓，乾隆便对刘墉说道：“刘爱卿，今夜月光如水，你我君臣二人不如效仿一下古人，在月色中谈天说地，岂不美哉？”

此时天色已晚，刘墉早已昏昏欲睡，但是乾隆这么说了，他也不好直接反驳，只能迷迷糊糊地说：“万岁好兴致，就按万岁说的办吧。”虽然他这么说了，但是他两只眼睛的眼皮却不停打架，显然是困得不行了。

乾隆骑着马，边走边说，兴高采烈，反观刘墉，昏昏沉沉，有一搭没一搭的“嗯”“啊”“是”，对乾隆的话语敷衍了事。毕竟顺着皇上说就肯定不会出错。

然而乾隆和刘墉相处了那么多年，虽然现在是晚上，但只从刘墉的音调中，乾隆就能察觉到刘墉这些话不过是敷衍了事。乾隆这火马上就冒上来了，心想：“嘿，好你个刘罗锅啊，朕跟你说话，你居然敷衍朕。那我就吓一吓你，看你醒不醒。”

乾隆想了想，马上将马停了下来，指着前边的村庄说道：“刘爱卿，这里是什么地方？”

刘墉本来都快睡着了，听了乾隆这句话，马上醒了。

皇上这次的话可不能敷衍了事了，因为皇上在问“这里是什么地方”，要是还用“嗯”“啊”“是”回答，那还像话吗？如果这个问题回答不好，皇上很可能骂一句，但是也有可能直接把自己砍了，那就不划算了。因此刘墉马上就醒了，打算回答这个问题。

但是，刘墉也不知道这里是什么地方，因此支吾了半天：“回皇上……这里是……”是什么，他可是说不出来了，急得他出了一身冷汗。

好在，那个村庄里忽然传出了一声驴叫，正是这声驴叫让刘墉计上心头，说：“回皇上，这里是驴房村儿。”

乾隆心里暗笑，知道刘墉又胡诌了，不过他表面上依然不动声色，问道：“哦？刘爱卿如何得知啊？”

刘墉马上说：“皇上可听到前边有什么动静吗？”

乾隆说：“有只驴叫了一声而已。”

“这就是了！刚刚皇上问臣这里是什么地方，臣实在不知，但是这村里的驴子却因畏惧皇上的天威、不屑我的愚钝而叫着回答。这村里只有它叫，别的动物都没叫，可见这整个村子都是它的地盘儿，那不就应该叫驴房村儿吗？看来皇上的确是贤明之君，连驴子都表示效忠您呢。”

听到刘墉的话，乾隆可乐了。他本来就没打算真的发火，只是拿刘墉开涮而已，再加上刘墉这番回答的确非常中听，因此乾隆非常高兴地说：“刘爱卿所言甚是，那么以后咱们就把这里叫驴房村儿吧！”

之后，“驴房村”这个名字一直传到了今天。

善台子村的来历

善台子村原名沙台子村，位于北京大兴安定镇。

其实，关于沙台子村改名的原因还有一个传说。

很久很久以前，沙台子村附近的前野厂村中来了一个乞丐，这个乞丐可不比其他乞丐，其他乞丐穿的还有点人样儿，这位直接不成人形，衣着打扮简直不像是一个人，脏得跟在泥里打过滚一样，头发也打着卷，粘连在一起。

这位乞丐来到前野厂村之后，村子里的孩子就离他远远的，用砖头、瓦片等扔他。但是，虽然受到了这样的待遇，这个乞丐却还是一句话也不说，也不讨饭，也不要钱。这下就让村里的人摸不着头脑了，因为人们就没见他吃过东西，那他是怎么活下来的?

小孩子们非常好奇地跟在他身后，打算看看他到底吃什么。这一看可让小孩子们惊讶不已，原来这个乞丐并不是不吃东西，他每天晚上都会走到村子外边，走一截蹲下一次，他蹲下后，他蹲的地方就会凭空出现一小撮花生。就这样，一直蹲一直蹲，他便吃掉了大量花生。

小孩子们将这件事给大人说了，大人们马上让小孩子们离他远远的，说他是“活佛”。小孩子们问为什么，大人们也只是敷衍了事。

为了得到答案，孩子们便去问那个乞丐，然而，乞丐听到这个问题后并没有回答，反而离开了前野厂村，来到了不远处的沙台子村。

乞丐在沙台子村受到了截然不同的待遇，小孩子不再朝他扔砖头，人们也不嫌弃他，并且还给他送来吃喝，在村后修了一座可供他栖身的小庙，有一个年事已高的老人甚至天天来找他聊天。

按理说，受了沙台子村村民这样的恩惠，乞丐应该要道谢才是，然而他什么也没说，等着村民们帮他安排好一切。这个乞丐就这样活了下来，很多年后才在小庙中圆寂。他圆寂之前甚至都没说过一句话，但是在他圆寂时他对旁边那个陪着他多年的老人说：“真是个善台子啊！”

村民们用佛教的礼节将他的尸身放到了大缸中，封在了小庙的神坛后。从此以后，沙台子村就叫“善台子村”了。

酒仙桥的传说

很久之前，“酒仙桥”的名头并不算响亮，人们只能从酒仙桥的传说中看到它的名字。

酒仙桥附近自然有一条河，这条河的来源并不清楚，但是既然有河，就应该有桥，不然的话人们过河会非常不方便，于是人们便在这条河上修建了一座桥。

这座桥建成后，人们都怕自己“福气”小，冲了桥的“运气”，因此都不敢第一个过桥，就等着其他人先过，然后自己再过。可是，众人在桥的两头等了一天，太阳都快落山了，还是没有看到有人第一个过桥。这一下人们可纳了闷了，居然没有人肯第一个过桥。

然而，人们的议论并没有持续多久，一个胡子花白的老头推着一辆独轮车，第一个上了桥。他的力气显然很大，走起路来健步如飞，独轮车也稳稳当当的。然而，老头在过桥的时候，他的独轮车却歪了一下，上边的酒篓便越过了桥栏杆掉到了河里。人们一见此情景马上大叫道：“你的酒掉啦！快去捞啊！”然而听到大伙的声音后这个老头并没有下河捞酒的打算，而是继续推着独轮车，一溜烟地跑了。

看到老头根本不管自己掉进河里的两篓酒，人们不禁好奇起来，有人说他是盲人，有人说他根本不在乎，有人说他有急事，还有人说：“老头的独轮车两边都放着酒，刚才空了一边，他居然还能把独轮车推得那么稳，真是神力啊！”

正在人们议论纷纷的时候，河里忽然飘过来一股酒香。

“闻着味儿就知道是好酒！”人们说。

“既然如此，咱们就把这座桥叫‘酒仙桥’吧！”

“好！”大伙一致认同，于是，“酒仙桥”就这样诞生了。

但是，关于酒仙桥的传说并没有结束，还有后续。

自从那个老头的酒掉到河里之后，这条河附近就产生了浓浓的酒气。有个人喜欢喝酒，还从家里拿碗过来到这里舀河水喝，并且说这河水的确有酒味，只是淡了点。

听到这个人的话后，人们马上发现了商机，在这条河附近开起了酒馆，时间长了，这里的酒馆越来越多，几乎像市集一样繁华了。然而，直接卖河水空手套白狼的好日子并没有持续多久，有一个黑胡子老头带着他的“真正净流老烧酒”的招牌来到了这里，而自打他来了之后，河水的酒味就越来越淡了。虽然其他的酒馆生意受到了影响，可黑胡子老头的生意却没有萧条，反而更加红火了。

除了这一点，这个黑胡子老头从早卖到晚，却始终只有一篓酒，人们根本不知道他到底从哪里弄的酒，因为人们根本没见他去别处买酒。

这件事让这里的人们感觉非常诡异，因此便开始留意这个黑胡子老头了。然而，这么一留意，还真被这些人发现了一些情况。有人曾经在夜晚的时候看到黑胡子老头，他从酒棚中出来后便拿着酒篓和瓢走到了河水边，在酒篓里装了半篓河水后回到了酒棚子。

这个小伙看到这一幕后便离开了，将这件事告诉了乡亲，打算在第二天找黑胡子老头理论理论。天亮之后，小伙果然带着乡亲们来了，然而他们到黑胡子老头这里后却发现黑胡子老头正在拆自己的酒棚，不仅如此，还出现了之前的那个花白胡子老头以及一个纯白胡子老头。

这一下众人就有些摸不着头脑了，小伙马上问花白胡子老头道：“酒仙，您怎么在这？”

花白胡子老头听到后哈哈大笑，没有说话，反而是纯白胡子老头指了指花白胡子老头说道：“这个是我儿子，他总是向水里兑酒。”他又指着黑胡子老头说：“这是我孙子，他总是向酒里兑水。我们不过是卖酒的，并不是什么神仙。”

人们都愣了，眼睁睁看着这三个老头带着家什走了。

从此以后，这条河就没有酒味了，这附近卖酒的人也不敢向水里兑酒或者向酒里兑水了，据说是不想做纯白胡子老头的儿子和孙子。

菜市口与鹤年堂

关于菜市口，人们应该都不陌生，这里曾经是封建社会时的刑场。一般来说，人们是不会在这样的地方开店的，不过，有一户人家的胆子却非常大，在这附近开了一家裁缝铺子。虽然地理位置不怎么样，但是光顾的人很多，因此生意很好，非常出名。

这天，一个叛乱的人在菜市口被处死了，晚上的时候裁缝铺掌柜被一阵脚步声惊醒。这脚步声并不是来自屋外，而是来自屋内，掌柜便以为是家里遭了贼。不过，他的屋子里什么值钱东西都没有，所以心想你爱找啥找啥，反正这里没啥可偷的。想到这里，他又迷迷糊糊睡了。第二天醒来后发现自己的针线笸箩不见了，其他的东西倒没丢。

可谁承想，传到他耳朵里的一条消息却让他惊出一身冷汗。

人们说昨天那个被砍头的人身首已经分家，可不知怎的，今天发现他时，他的头和身子用线连在了一起，旁边散落着的正是裁缝铺掌柜的笸箩。

这是其中一个故事。

另一个故事，同样是关于菜市口附近的一个店的，这个店名叫鹤年堂，以刀伤药闻名。据说每次有人被砍头之后，都会有“人”到这里来买刀伤药，所以，“到鹤年堂买刀伤药”也就成了一句咒人死的骂人话。

关于鹤年堂的起源，则要追溯到明朝嘉靖时期了。据说鹤年堂创立于1525年，比清朝的同仁堂要早一百四十多年，和明朝有很大的关系。它位于菜市口大街路北，这三个字本是奸臣严嵩花园中一间房的名称，但是在严嵩没落之后，这块牌子便流落到了民间，被人买来挂在堂屋。自此后，人们便将菜市口附近的药铺叫作鹤年堂了。

然而，清朝时，菜市口被指定为刑场，因此这鹤年堂就成了正对刑场的药铺。在官府杀人的前一天，官府就会通知鹤年堂的人准备酒菜，并且让鹤年堂的人保密。等到第二天，监斩官和刽子手都会在鹤年堂大吃一顿，这才出去处斩犯人。等到这个过程结束，刽子手通常会到鹤年堂买一些安神的药物，防止鬼魂缠身。

菜市口刑场老照片

如意门

如意门是颐和园中的一扇门，位于西北角。毫不夸张地说，这扇门的名字是颐和园所有门中最好听的一个。传说在修建颐和园的时候，慈禧太后经常亲自督工，并且亲自为其中的每个门、每个大殿起名。不过有一天，情况出现了变化。

这天，慈禧太后照常前来督工，正好看到西北角的这一块刚刚修建完毕，因此就问负责修建的大臣道："这里的名字取好了吗？"这大臣早知道之前慈禧太后经常自己给门、殿等起名，因此便如实回答："回老佛爷，名字还没取，正等您取一个好名字。"

可谁承想，慈禧今天吃错了药，不想自己起名了，因此大怒道："这个不起眼的门也要我来起名？你们干什么吃的？"

大臣一听就愣了，这算什么事啊？

慈禧太后发话了："来人，把工匠们叫来，每个人都起一个名字，取得好有赏，取得不好就打。明白了吗？""是！"监工大臣不敢怠慢，急忙将所有工匠召集了过来。

慈禧指了指其中一个工匠，问道："你说说，起个什么名字好啊？"那个人马上走上前来跪下，说道："小人以为可以叫'万岁门'。"听到这人的话，慈禧马上翻脸了："万岁门？你只想着皇上，忘了我吗？来人哪，先打他一顿再说。"

这人并不知道慈禧根本就看不起皇帝，因此挨了三十大板。

慈禧叫人打完他后又指了指另一个工匠，问道："来，你说说，应该取什么名字？"

这个工匠心想从慈禧的态度来看肯定是没把皇上放在眼里，更别提其他人了，她还能把谁放在眼里？既然这样，那干脆叫"太后门"得了。这么想着，他便回答道："回老佛爷，小的认为可以叫'太后门'。"

然而，这个名字更不好了，虽然跟太后沾边，但是一念起来，还不被人笑掉大牙。慈禧更加生气了，说：“‘太后门’？是不是再来个‘太前门’啊？难听死了！打！”于是这个工匠也被打了一顿。

人们这下没招了，万岁门、太后门这两个名字都不行，那估计也没行的了。慈禧看众人惊慌失措，不知怎的又暗暗高兴起来，叫了身边得一个太监说：“你看，他们都没什么学问，不如你来起个名字吧。”

这个太监正在看工匠们的笑话，忽然听慈禧开始问他了，一下子就蒙了，啥也说不出来。慈禧看到他这个样子，又发怒了：“打！这个也给我打！”

慈禧

短短几分钟时间慈禧就打了三个人，这下让其他的人犯了难。按照这个速度，他们铁定得挨个儿被打一遍。这慈禧太后也忒不是东西，让没什么文化的工匠起名字，这不是明摆着刁难人吗？

就在众人毫无办法的时候，一个名叫赵玉水的工匠站了出来。他只有二十多岁，肚子里有点墨水，因此便打算赶紧起一个让慈禧满意的名字，好结束其他工匠的痛苦，因此他便说："老佛爷，小的我读过几年书，请让我来取名字。"

慈禧看了他一眼，哼了一声道："行啊。你来取个名字。不过我话先放在这儿，如果你取得不好，我就狠狠打你！"其他人一听，不免为这小伙子担心起来，之前三人都被打了三十板，这"狠狠地打"怎么不得六十、九十板？

然而赵玉水依然非常镇定，说道："小的看，这块地方在八卦里应该是乾位。八卦中，乾对应天，天即为天庭，然而天庭的掌权者玉皇大帝需要听从王母娘娘的命令。众所周知，王母娘娘的恩德使人间一片祥和，万事如意，因此，小的认为这个门应该叫'如意门'。"

听完赵玉水的话，慈禧心里暗暗点了点头。首先如这个字是左右结构，"女口"意为话语权在女人身上，就是代表慈禧太后。"意"字中间有一"日"，象征着皇帝的"皇"，"意"中包含了"皇"，代表皇帝完全处在慈禧的掌控之下。看起来，这赵玉水的能耐的确不小。

慈禧太后向来是个疑心非常重的人，她担心赵玉水以后会泄露消息，让别人知道她的真实意图，因此表面上赏赐了赵玉水，背地里却叫人把他害死了。

赵玉水虽死，"如意门"这个名字却保留了下来。

第二章　人物与逸事

高亮赶水

前文曾提到，北京城在很久以前被人们称作“苦海幽州”，龙王占据了这个地方，称自己为“王爷”，将这里的原住民全部赶到了西北地区的山区中。

人们这种苦不堪言的日子持续了很久，直到有一天，红袄短裤打扮的哪吒来了，他发现这里的龙王带着自己的家眷抢占苦海幽州，便义愤填膺地寻找龙王理论。龙王自然不会妥协，于是双方打了起来。这一场恶战持续了九九八十一天，哪吒终于将龙王和龙母擒获，龙子龙孙们却都逃走了。

随着哪吒的胜利，苦海幽州的大水也全部退去，露出了陆地。哪吒马上封锁了出水的海眼，将龙王和龙母禁锢了起来，然后用白塔镇压，使其无法翻身。

大水退了，海眼被堵，因此这个地方便不再称“苦海幽州”，而是“幽州”，人们也都从贫瘠的山地回到了这里，重新在这里居住下来。

但是，这件事并没有结束。看着百姓安居乐业，当日逃走的龙子龙孙们均气愤不已，时刻想着回来复仇，让“苦海”再现。

这一天，龙子彻底怒了，因为他听说有人要在幽州这块地方建造一座北京城。但是，他还没有消气，就又听到一个重磅消息：刘伯温和姚广孝画出了“八臂哪吒城”的城建图，打算在北京修建八臂哪吒城。这一下，龙子不仅仅是愤怒了，还有一丝恐惧，他马上找到龙婆，对她说：“这下完蛋了，如果真的让刘伯温和姚广孝造出八臂哪吒城，我们怕是永远也无法回到幽州了！”

龙婆劝他说：“回不去就回不去吧，不要再去触霉头了，他们住他们的北京城，咱们住咱们的龙宫。”

谁知龙子并不听劝，说道：“不行！不能就这么算了！我们是被他们赶出来的，你忘了吗？他们打算在我们原来的地盘上建城，那我们能善罢甘休吗？我现在就去幽州，把那里的水收得一干二净，我倒要看看他们怎么活！”

龙婆听了龙子的话后，不由得叹了口气，知道自己劝不动龙子，就由着他去了。

龙子马上开始筹划复仇计划，在第二天实施。第二天，龙子和龙婆化成人形，和儿子、女儿一同装扮成卖菜的乡下人来到了城里。龙子找了一个偏僻之处，除去伪装，带着儿女和龙婆在城里四处游荡，将城里的水喝了个精光。之后，龙子的儿子和女儿化成了两只水篓，由龙婆提着，出了北京城大门。

刘伯温已经建好了八臂哪吒城，却发现城里的所有水井都在一天之内干涸了。这种情况非常反常，刘伯温马上想到是龙子等人所为，因此便去城门盘问，看看有没有人察觉了龙子等人的动向。盘问的结果却出乎他意料，除了西直门还没消息，所有守城军士都没有看到可疑的人进出城。

这时，去西直门盘问的人回来了，对刘伯温说：“启禀大军师，西直门的守城军士的确发现过可疑的人。有一个老头和一个老太婆推着一辆独轮车出了城，车上放着两个鱼鳞水篓。守城军士说那两个水篓看起来很轻，老头和老太婆推车却非常费力。”

听到这个消息之后，刘伯温点了点头，说：“原来如此。这条孽龙也太过歹毒，居然将城里所有的水收走。如果不想让城里的人渴死，现在就必须去把水抢回来。这一趟肯定会有危险，如果不小心被恶龙发现，肯定会被它放水淹死，但是，这件事说简单也的确简单，只需要扎破那两个水篓，然后不回头，拼命往回跑就行，到西直门就安全了。你们谁愿意去？”

“大军师，我去吧！”一个年轻的工匠站了出来，说道：“这件事交给我吧。”“哦？你叫什么名字？”刘伯温问他。

那年轻工匠回答道：“高亮。”

“好！有胆识！”刘伯温夸赞道，从旁边的兵器架上取了一把长枪甩给他，说道：“注意安全，我们在西直门城墙上给你助威。注意，回来的时候一定不要回头！”

“请大军师放心！”高亮说完后便提着枪向西北方向追孽龙去了。

高亮一路追赶，一开始没有什么问题，但后来，出现了岔路口，要么就是继续向西北到玉泉山，要么就是向西南到“西山八大处”，要么就是向南到阜成门，这样三条道路摆在他眼前，让他有些迷茫。不过，好在有两个农民讨论起了那两个可疑的水篓，并且在谈话中提到，龙子和龙婆向着西北玉泉山去了。

得知这个消息，高亮马上确定了方向，向着玉泉山方向追去。

不过，这条路走了没多久，道路就再次分了岔，高亮再次迷失了方向。

就在高亮愁眉不展的时候，旁边的柳树林中传来了几个小孩子的声音：“大哥哥，你应该会舞枪吧？能不能给我们耍一段看看？”

高亮笑道：“能是能，不过我现在有重要的事情要做，等我回来再给你们耍吧。我问你们，你们看没看到带着两只水篓、推着车的一男一女两个老人？”小孩子们马上回答道：“看到过，他们去西边了。”

高亮又动身前往西边，后来，这个地方便被人称作“大柳树”。

走了一阵，高亮看到了一片干涸的池塘，池塘的淤泥里还有车轮印，这便是后世所说的“南坞”，这里的水被孽龙收走了。高亮撑着长枪跳过池塘，没多久就又发现了一个被孽龙弄干水的池塘，后世称“中坞”。中坞的车辙印明显深了不少，因此高亮断定龙子和龙婆已经开始出现颓势，力气不够了。果不其然，追了没多久，高亮在玉泉山附近发现了装着两个鱼篓的推车，以及一男一女两个老人。这两个人显然是累了，正坐在地上休息。

高亮知是好机会，急忙冲了上去，从旁边的高粱地里猛地蹿出，趁着龙子和龙婆不注意，一枪戳在了其中一只水篓上。

水篓中的水马上流了一地。

高亮抽出长枪，打算继续戳破另一个水篓，却发现另一只水篓忽然化成了一个年轻小伙，钻进了玉泉山的海眼，那个老婆婆也变成了一条黑龙，抱着被扎破的水篓，向黑龙潭方向去了。高亮暗道不好，急忙逃走，龙子在后边驱赶着滚滚潮水紧追不舍。

高亮一路狂奔，已经能够看到西直门了，但是他高兴之下不小心回头看了一眼，便被洪水卷走了。

由于高亮戳破了装着苦水的水篓，这北京城里的水便只剩下了苦水，甜水则被龙子的儿子带到了玉泉山的海眼中。为了纪念高亮，人们便在高亮被洪水卷走的地方修建了一座“高亮桥”，传至今日，便传成了“高梁桥”。

高梁桥老照片

康熙私访蜜香居

阜成门外，有一家名叫“蜜香居”的酒馆，这个酒馆分为两层，下层对普通人士开放，价格亲民；上层对王公贵族开放，价格昂贵。有一天，康熙穿上了便服，独自一人来到了这里，走上楼坐了下来，点了一些酒菜。

虽然二楼的价格昂贵，但这里还是聚集了一大批王公贵族。不过，他们中的大部分到这里来似乎并不是为了吃饭，而是为了玩。康熙四下看了看，这二层人数众多，但是正经吃饭的没几个，大部分都是带着鸟笼、蛐蛐笼来的，显然是为了在这里玩乐、谈笑一番。可是，玩乐也就罢了，他们点完菜之后一口都不动就走了，留下一桌子一动未动的饭菜。

过了没多久，跑堂的就走了过来，将这些饭菜按照固定的分类仔细打包了起来，然后端回厨房。

这些事情康熙是看在眼里，痛在心里，清朝刚入关几十年，这些达官显贵就已经这么铺张浪费了，这还得了？如果一直这样下去，贪污腐败之风更胜，国家离灭亡也就不远了。这样想着，康熙马上走下楼去，打算处理一下这件事情。不过，他下楼之后却发现刚才收拾饭菜的那个跑堂的正在卖新出笼的包子，购买的那些人服饰非常一般，康熙一眼就知道这些买包子的人都是一些苦力。

包子很快就被抢完了，不过马上就会有新包子做出来，不出片刻，新出笼的包子马上就又被抢光了。康熙非常奇怪，便问旁边一个正在吃包子的大汉道：“这里的包子为什么这么红火？”大汉回答道：“这些包子好吃又大又便宜，当然红火了！你知道吗，这些肉包子比别的地方的素包子还便宜！”

听到大汉的话，康熙纳闷了，肉包子显然应该比素包子贵，这家店为什么如此反常？他想了半天也想不出个所以然来，便去问酒馆的掌柜。掌柜是个非常精明的人，见眼前这个人眉目中透露出一股王者之气，显然不是常人，因此便将事情原原本本地说了。

其实，这些包子都是用那些达官显贵没有动过的饭菜制作而成的。掌柜说，现在的满汉官员行事风格铺张浪费，但是真正吃的人却没几个，很多饭菜都是动都不带动的。掌柜的心疼那些穷苦百姓，便将那些没有动过的饭菜制作成肉包子，用极低的、没有利润的价格卖给劳力们，不仅能够解决劳力们的吃饭问题，还能把店铺的好名声传出去，一举两得。

康熙恍然大悟，回到皇宫后马上写了“百味斋”三个字，下边又写“康熙某年御笔”，让人送到了蜜香居。掌柜的看到这块牌匾之后吃了一惊，心道原来那个人正是当今圣上。圣上送来了牌匾，掌柜的当然非常高兴，马上就将这块牌匾挂在了店堂前。

这件事之后，蜜香居就改叫“百味斋”了，并且，由于是康熙皇帝为百味斋写的牌匾，这百味斋的生意越来越红火，当然，这些都是后话。

这件事还没有完，康熙想到了那些铺张浪费的达官显贵，便叫人查清了他们的姓名、官职、住址，为他们每个人送了一副对联：

一粥一饭当思来之不易　半缕半丝恒念物力维艰

康熙打算借着这副对联对那些铺张浪费的达官显贵起到警示的作用，当然，这个办法不能说完全成功了，因为有一些人根本不管这些，依然在铺张浪费。但是，也不能说康熙此举完全无用，因为有更多的人认识到了自己的错误，不再这样铺张浪费了。

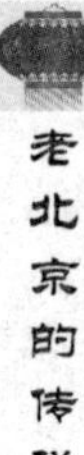

康熙赐福

清朝时期有皇帝“开笔书福”的风俗。春节时皇帝会将百官召集到紫禁城，然后由皇帝书写“福”字分给百官。百官们都以得到“福”字为荣，因为他们认为这是圣上的恩赐。这一习俗自古以来是没有的，起源于清朝康熙时期。

康熙皇帝当政的时候，那些王公大臣每到春节都会给他奉上奇珍异宝，给他拜年。这些奇珍异宝自然价值连城，但是康熙却觉得这种行为非常不合适，因为他发现好多大臣都有攀比之心，你给皇帝送一个，我就要给皇帝送两个；你给皇帝送百年人参，我就要送千年人参，总之自己一定要在皇帝面前表现好一些。

康熙认为这并不是好兆头，如果这种风气一直存在，那么官员们势必会行贪污之事，因此他便打算抵制官员们赠送礼物的风俗。当然，康熙并不傻，他想了一个两全其美的办法，能在不伤大臣们面子的前提下防止大臣们再攀比送礼。

于是，在春节前一天，康熙皇帝马上下令，邀众大臣在春节这天到乾清宫一聚。

春节这天，王公大臣们早早就来到了乾清宫，互相拜年、寒暄过后便纷纷猜测这一次康熙皇帝到底打算赏赐什么东西，并且在心里暗暗盘算如何获得皇上的关注。

康熙出现之后，事情却没有向他们想的那个方向发展。三声万岁喊完，康熙便让百官平身，说道：“众爱卿，今日乃是新春佳节，往日的时候你们都给朕拜年，今年换换吧，朕来给众爱卿拜年！来人哪。”

康熙马上让人拿来了书案以及文房四宝。

康熙说道：“小贺新春之日，朕打算赐众爱卿几个‘福’字，希望各位爱卿福到运到！”说完之后便大笔一挥，写下了一个漂亮的“福”字。

写完之后，康熙让小太监将“福”字展示给众臣，说道：“现在，谁能说出一个带有福字的对联，这第一张‘福’就赐给谁。”

康熙话音刚落，肚子里有点墨水的兵部尚书马上说：“万岁，臣恳求您能将这幅‘福’字赐给臣。臣想到的对联是：盛世三春得意，丰年五福称心。”“好！”康熙夸赞了一句，让小太监将第一张“福”赐给了兵部尚书。

康熙

吏部尚书见兵部尚书抢了先，于是也不甘示弱，说道：“万岁，臣恳求您将第二幅‘福’字赐给臣。臣想到的对联是：借问春从何处至，皆言福自皇恩生。”康熙点点头，称赞了一番后将第二幅“福”字赐给了吏部尚书。

“皇上，臣也有一副对联：和顺一门有百福，平安二字值千金！”工部尚书为了抢第三幅“福”字，说话都简略了。康熙并没有因此而生气，反而高兴地称赞了他一番，将第三幅“福”赐给了工部尚书。

于是，百官们争相对对联，直到中午，热闹的乾清宫才慢慢安静下来。自此以后，康熙果然遏制住了攀比送礼的风气，并且让文武百官都高兴了一个遍，可谓一举两得。

就从这年春节开始，之后的春节康熙都会召集满朝文武到乾清宫一聚，用对对子或者其他方式将自己写的“开笔书福”“福”送给百官。之后的皇帝也争相效仿，于是，便形成了这一独特的风俗。

慧眼抚育英才

年羹尧这个名字人们应该都不陌生，他是清朝时期的名将。北京青云店附近至今仍保留着年羹尧的墓，附近也流传着很多关于年羹尧的传说。

传说年羹尧的家人在他六岁的时候便请了一个姓刘的教书先生，这个先生住在前辛房村，腹有经纶，一生都以教书育人为业。请来这位刘先生之后，村子里的一些文学方面的工作就都由刘先生代笔了，比如写对联、记账等。

某年，刘先生来到了年羹尧家，在这里开设了一个课堂，给附近的几个十几岁的孩子上课，上完课之后他离开年羹尧家，走着走着就来到了一个名叫“公平大店”的客栈。

在过去，这些大客栈又被称作大车店，功能类似驿站，是供旅人休息的地方。这里住着的人经常聚在一起聊天，四面八方、天南海北的事情都有，消息量非常可观，因此刘先生很喜欢在这附近歇着，听听他们说的奇闻逸事。

这一次，刘先生没有白来，他听到了一段非常有趣的对话。有一个来自安徽的商贩问“公平大店”的老板：“掌柜，这大沙岗子是镇上的地界吗？”

老板回答：“没错，那块地是镇上年家的地。”

商贩听了之后说道：“怪不得。那块地可是宝地。”

听到商贩的话后，店老板有些不明所以，笑着说道：“客官，您可看好了，那块地不过是只能种酸枣、树毛子的沙土地，并不能种庄稼，何来宝地一说啊？”

刘先生不傻，知道店老板打算听听商贩怎么说，于是也没说话，就这么听着。

那商贩显然也知道店老板什么意思，便笑道：“这话我说出来也没什

么大不了的，毕竟我也就在这里借宿一晚，明早我就走了，也不怕什么。您或许不知道，那片地方显然是一片风水宝地，如果有人埋在那里，那么那户人家就一定会飞黄腾达，子孙必出高官。”

“哦？多大的官才算高官？”店老板又问。

“一人之下，万人之上。”商贩说道，“文则必中状元，武则必封将军。”

听到商贩的话后，人们都惊讶得张大了嘴，仿佛眼前站了一个状元和一个将军一般。

刘先生不禁大惊，忙过去问道：“先生，您是如何看出来的？”

商贩说道：“起初我也不信。不过昨天的时候，我曾在沙岗子上看到一对凤凰。凤凰可是神兽，它们落在这里，证明此地必然是宝地。想要证明的话也简单，凤凰窝就在那沙岗子上，你去放几个鸡蛋，明天一准孵出来。”

其他的人似乎是不信这个商贩，因此说了几句就又谈论别的去了，只有刘先生对此很上心，走到商贩旁边，小声说道：“您既然看出来了其中奥秘，为什么不想办法把它据为己有呢？”“你当那么容易啊？”商贩嘿嘿笑道，“看出来不难，难的是有那命。”

刘先生点了点头，心道他说的也有几分道理，于是便将自己教的学生想了一遍，发现了六岁的年羹尧。这个时候，刘先生的心里就嘀咕开了：会不会是这小子啊？

第二天，刘先生对此事深信不疑了，确定那个人正是六岁的年羹尧。因为他听说有人真的拿着鸡蛋去做实验了，并且带回了两只刚孵出的小鸡。

过了不久，年家的老太爷不幸病逝。事情果然不出刘先生所料，年家将老太爷葬在了那片沙岗子上。

这一年腊月，刘先生给孩子们上完课后便让孩子们收拾东西回家过年了，然而在晚上的时候，他忽然看到了赶来向自己道别的年羹尧，他的肩头亮着两盏灯。刘先生发现，其他孩子的肩头都只有一盏灯，但是年羹尧却有两盏，并且非常亮，可见他的确异于常人。自此，刘先生才真正确认，商贩口中那个日后能飞黄腾达的人，正是自己的学生年羹尧，因此，刘先生便在年羹尧身上多下了很多心思。

然而，某天早晨上课的时候，刘先生却发现年羹尧肩头的灯只剩下了一盏，这一下可把他吓坏了，急忙找到年羹尧，问道："羹尧，告诉先生，你是不是做了什么不好的事？"

年羹尧非常疑惑地回答道："没有啊，老师，我没有做坏事。"

听了年羹尧的话，刘先生想了想，又问："那你再想想，你昨天做了什么特殊的、和往常不同的事情？"

"这个倒是有。"年羹尧想了想说，"昨天我帮我哥哥写休我嫂子的休书来着。"

"原来如此！"刘先生点了点头，"我告诉你，你不应该帮你哥哥写休书，那是缺德的事情，不该你来做，知道吗？你哥哥要么自己写，要么找大人写，小孩子写的休书算不得数，并且也是不被允许的。现在你告诉我，休书送出去了吗？"

"还没有。"年羹尧回答。

"很好。我告诉你，你现在赶紧回家，把刚才我告诉你的原因都告诉你哥哥，然后把休书要回来。记住，要回来之后不要看，一定要马上吞到肚子里。"

"谨记先生教诲。"年羹尧说。

"很好。快去！"刘先生急忙让他回家。

等到年羹尧回来，刘先生发现年羹尧的肩上又亮起了两盏灯，这才放下心来。

果然不出刘先生所料，康熙年间，年羹尧真的考中了进士，然后一步步升官，做到了抚远大将军的位子。

乾隆逛西堤

众所周知，乾隆是一个非常闲不住的人，一年中秋他觉得十分无聊，打算去外边逛逛，因此叫上了一批大臣，一同前往西堤游玩。这西堤乃是御果园，秋天到了，各种成熟了的果实琳琅满目，果真是游玩的好去处。

初来西堤，乾隆马上让人从湖中取来了一个莲蓬，自己取出一粒莲子，剥开吃了。然而，这莲子中间有苦芯，乾隆被苦到了，急忙将莲子吐了出来。他是一个爱好诗文的人，见此情景便说道："众爱卿，我们不如来对对子吧？上联是'莲子心中苦'，你们谁能对出下联啊？"

和珅也不知吃错了什么药，马上就来了一句："母猪肚里臭。"

听到这一句，乾隆心里就不乐意了，"莲子心中苦"是多么风雅的一句上联啊，怎么就对出来了一句"母猪肚里臭"这样一句极其不风雅的下联呢？他马上呵斥和珅道："瞧你这说的什么话！今天乃是中秋佳节，配上这西堤的美景，无论如何也不可能用这个做下联。"和珅一听自知失言，马上跪下谢罪。

乾隆本来就比较喜欢和珅，因此就没真把他怎么样，吓吓他就得了。结果，乾隆忽然发现刘墉在旁边看着，一脸幸灾乐祸，又想到这刘墉几次让自己面子过不去，于是乾隆便打算考验刘墉一番，说道："刘爱卿，你说这下联该怎么对啊？"

刘墉一听心说坏了，自己在这光顾着看和珅笑话，忘了皇上也在旁边，这一下可如何是好？正在他急出一身冷汗时，一个不小心，脑袋就碰到了路边一棵青杏树上还未成熟的杏子，疼得不行。这一下把他气得够呛，扯下那只青杏，放在嘴里咬了一口。

还没成熟的杏子自然是酸的，刘墉灵机一动，说道："回万岁，臣想到的下联是：'青杏口内酸'。"

"好！好下联！"乾隆夸赞道。

听到刘墉受夸奖，和珅可是不痛快了，暗道如果那青杏碰到自己的话，自己也能对出那一句。和和珅一样，乾隆也有些不服气，他总认为自己的才华比刘墉高，因此就打算再给刘墉出个难题。就在这时，他看到路旁的柿子树上有一个没成熟的青柿子，便叫人把它摘了下来，送给刘墉，说道："刘爱卿的下联对得甚好，朕赏你一个柿子吃！"

"谢主隆恩！"刘墉大声谢恩。

和珅这下高兴了，青柿子的味道肯定不会好，他正想看刘墉的笑话呢。然而，刘墉看到了和珅暗笑的样子后反而乐了，心想这一回可有你好受的。想到这里，他便向旁边的人借了一把小刀，将青柿子切成片后分给包括和珅在内的众大臣，说道："来来来，大家分一下这个柿子！这是皇上的赏赐，我怎么好意思独享呢？"

众人看到刘墉将青柿子分给自己，都是苦不堪言，但又不得不受着，毕竟是皇上的赏赐。于是，他们一个个被这青柿子涩得整个嘴巴发麻，说不出话来。刘墉看大家都吃了，一摊手说："各位，不好意思，我刚才忘了切我自己的，我得不到皇上的赏赐了！真可惜！"

可惜？听了刘墉的话，和珅嘴都气歪了。

然而这还不算，乾隆见刘墉巧妙地将柿子分给了其他大臣，心下好笑，便打算再试试他，就说："刘爱卿精神可嘉，现在朕再赏你一只鸭梨！"说完便吩咐太监从旁边的树上给刘墉摘了一个大个的鸭梨。这只鸭梨黄澄澄的，一看就好吃，他打算看看刘墉怎么处理这只梨。

然而刘墉这次没有跟众人分享这只鸭梨，而是自顾自地吃了起来，不一会儿就吃完了，还说："真好吃！"

乾隆见他不分鸭梨，于是便问道："刘爱卿为何不将鸭梨分给众人啊？"

刘墉马上说道："回万岁，这梨虽然好吃，却不能分给大臣们。中秋节是一个团圆的节日，怎么能分离（梨）呢？大臣们如果分离（梨），还如何保卫大清的江山呢？"

乾隆乐了，心想这刘墉说话真有一套，于是马上说道："刘爱卿机敏过人，真乃有才之士。"说完便赏刘墉三眼顶戴花翎。

孟姜女哭长城

传说在古代时孟家和姜家是邻居，春天时孟老汉在自家的墙边种了一株葫芦藤，到秋天的时候却在姜家结出了一只葫芦。这只葫芦非常大，足有几十斤重，这一点让姜老汉非常好奇，在它成熟之后便将它切开了，打算看看里边有什么。然而，这一切开不要紧，里边居然躺着一个女婴。

这可是奇事一件，村子里的人没过多久就全都知道了，都过来参观。姜老汉的妻子死得早，没能给他留下后代，因此姜老汉便打算将这个女婴收留下来。然而孟老汉却不同意，说葫芦秧子是自己家的，因此这女婴应该属于自己。听到这话姜老汉不同意，说葫芦是在自己家结的，应该属于自己。

两个人为这只葫芦的归属争吵了起来，过了很久才被村民从中调解开来。村民说这只葫芦两家都有份，不如就共同抚养这个女婴。两个人一听也只有这么办，于是同意了乡亲们的方案。这个女孩儿便轮流在孟、姜两家居住，因此也被称作“孟姜女”。

十几年后，孟姜女已经长大成人，到了出嫁的年纪。孟老汉和姜老汉自然兴高采烈地替她找夫婿，选定了一个名叫范喜良的年轻小伙。然而，婚事刚结束几天，范喜良便被秦始皇抓去修长城了。

为了抵御外族入侵，秦始皇从各地征召了大量年轻劳力，让他们夜以继日地修建长城。即便这些劳力都是年轻力壮的小伙子，也受不住这样大的工作量，随着时间一点点过去，累死的人越来越多。监督官员见天气已热，死的人实在太多，便下令将这些劳力的尸体用砖块砌在了长城中。随着修建长城的人员一点点减少，朝廷又继续从各地强征劳力，范喜良便在其中。

一个月过去了，范喜良没有回来；半年过去了，范喜良没有回来；一年过去了，范喜良还是没有回来。孟姜女非常想念自己的丈夫，害怕他在这寒冷的天气中冻坏了身体，便做了一些棉衣棉裤，向着长城出发了。孟老汉和姜老汉虽然心疼女儿，但是也知道自己劝不住，于是便由她去了。

经历了千难万险，孟姜女终于来到了长城边上，她向附近的劳力打听他们有没有见过自己的丈夫。然而得到的回答让孟姜女悲痛不已，原来她的丈夫早已经累死了，尸体就被砌在长城里。听到这个消息后孟姜女大为悲恸，伏在长城上哭泣不止，人们怎么劝也没有用。

她一直哭了三天三夜。

第四天的时候，人们睡醒后忽然发现修建的八百里长城全部倒塌了，那些劳力的尸体也从城墙里露了出来，孟姜女正在寻找自己丈夫的尸身。人们看到这一幕后大惊失色，都说孟姜女哭倒了八百里长城。

秦始皇听到此事后大为震怒，八百里长城的修建工作耗资巨大，这一倒简直是损失惨重，因此马上叫人将孟姜女带来。然而，秦始皇见到孟姜女后就不再生气了，因为孟姜女实在太漂亮了，秦始皇不禁为之着迷。他打算让孟姜女嫁入皇宫，给自己当正宫皇后，然而孟姜女却给了秦始皇三个条件，第一个条件是寻找范喜良的尸体，第二个条件是用国葬礼仪来安葬范喜良，第三个条件是让她身穿孝服亲自送葬。

为了讨好孟姜女，即便是三百个条件秦始皇也答应了，更何况只有三个呢？因此秦始皇马上同意了孟姜女的三个条件。

秦始皇的命令没人敢不从，范喜良的尸体很快就找到了，秦始皇也为范喜良安排了一场声势浩大的国葬，并让孟姜女穿上孝服亲自送葬。然而，孟姜女在拜了三拜自己丈夫的坟墓之后迅速跳到了旁边的渤海中，投海自尽了。

为了纪念忠贞的孟姜女，人们便在山海关附近修建了“孟姜女庙”。从这之后，“万里寻夫送寒衣，哭倒长城八百里”的故事便流传了开来。

山海关孟姜女庙

张华的传说

大兴区榆垡镇的张华村在西晋时期曾经出过一个名叫张华的宰相。

张华自幼父母双亡，出身贫苦，因此只能靠给地主放羊养活自己。不过，虽然困难重重，张华还是非常刻苦地学习着。他拥有非常可怕的记忆力，能一目十行，看过一遍即可倒背如流。当时著名诗人阮籍曾经看过张华所写的《鹪鹩赋》，发现张华的才情非常出众，借鸟抒情，表达了自己安于现状的思想，这一点也让阮籍非常看好他。

因为阮籍的举荐，魏王开始重视起张华来，并且任命他为官，从事官员的参谋顾问。这个差事事情不多，因此张华在无事之时便更加发奋读书。

但是，喜爱读书并不是说时刻不停地读，张华也是如此，累了便出去转一会儿，放松一下心情。这天，他刚从外边转了一圈回来，在路上遇到了一位精神矍铄的老者，问他道："年轻人，你读过多少书呢？"

张华说："二十年前的书我都看过，但是二十年之内的书我还有没有看过的。"

老者听到之后非常满意地点了点头，和张华聊起天来。过了很长时间，老者觉得张华所言非虚，他果然是读过不少书，因此对张华起了欣赏之心。当他打算继续谈论下去的时候却发现天色已暗，没办法，老者只好邀请张华到自己家里继续谈论，张华答应了下来。

老者非常高兴，马上就带着张华前往自己家。然而，他的家离这里很远，张华翻过了山，在山的背面才看到老者家门口的两扇石门。此时的张华心里暗暗吃惊，心道这个老者果然不凡，因为他的石门上嵌着一块"琅嬛洞府"的牌子。

走进石门之后，里边却是另一片天地，并没有张华想象的那样狭窄，相反，却比外边还要宽阔，甚至能看到远处的大片宫殿。

老者将张华带到了一座宫殿的东室，说道："这宫殿中存着的都是历朝的史书。”看过东室后，老者又带着张华来到了西室，说：“这宫殿中存着各国的历史、风物志。”离开西室，老者又带着张华来到北室，这北室和东西两室区别较大，门口蹲着两条狗。

张华非常好奇地问：“这里为何要让狗看门呢？”

老者说道：“因为屋子里放着仙丹和秘籍，必须要派龙来把守。”

“龙？”张华疑惑了，看了看这两只狗，发现它们只是安静地蹲在那里，却散发出非常强烈的威严。

张华暗暗心惊，道：“既然前辈带我来此，我是不是能进东室、西室看看里边的收藏呢？”

经过老者同意后，张华首先来到了东室。东室里的确存放着很多历史典籍，这些历史都是两汉之前的，张华从来没有读过两汉之前的书籍，因此喜出望外，将这些书籍都翻了个遍。他的记忆力超乎常人，将这些书上的内容记下后便来到了西室，又将九州各国的风物志都仔细记在了心中。

张华对这些典籍爱不释手，便问老者能不能将此地租给他，让他长时间研究，然而老者婉言拒绝了他。见老者不同意，张华也只好起身告辞。

张华离开宫殿后，他背后的石门便猛然关闭。说来也怪，石门关闭后，整个山上便再也找不到石门存在的痕迹了。没有办法，张华只得向石门曾经所在的位置鞠了一躬，回到了家中。回来后，他马上取出笔墨纸砚，按照自己的记忆将他在宫殿中看到的书籍写了下来，一连写了十卷，正是著名的《博物志》。

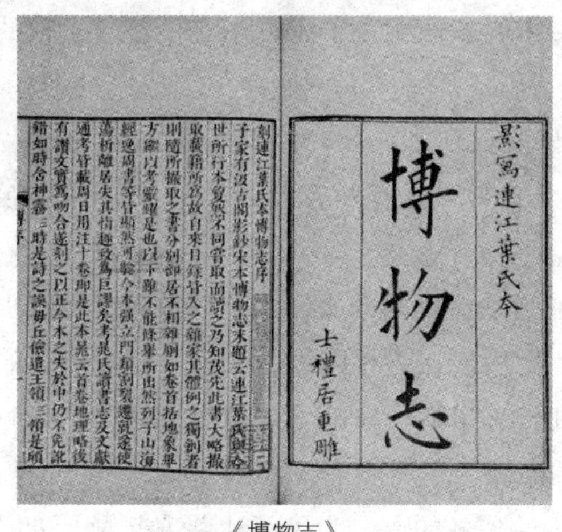

影寫連江葉氏本

博物志

士禮居重雕

刻連江葉氏本博物志序

予家有汲古閣影鈔宋本博物志末題云連江葉氏與今世所行本夐然不同嘗取而讀之乃知茂先此書大略撮取載籍所爲故自來目錄皆入之雜家其體例之獨創者則隨所撮取之書分別部居不相雜廁如卷首括地象畢方經以考靈耀是也以下雖不能條舉所出然列子山海經逸周書等皆顯然可驗今本强立門類割裂遷就遂使蕩析離居失其指趣致爲巨謬矣考晁氏讀書志及文獻通考皆載周日用注十卷即是此本晁云首卷地理略後有讚文實爲吻合遂刻之以正今本之失於中仍不免訛錯如時含神霧三時是詩之誤毋丘儉遺王頎三頎是頎

《博物志》

慈禧题金匾

北京市有座香山，香山上有座卧佛寺，寺的北边有个卧佛殿，殿里有座长达五米的释迦牟尼铜像，铜像上方有一块“性月恒明”金匾。

其实，这卧佛寺并不缺金匾，从乾隆皇帝开始，九九重阳节的时候宫里的人就会来到香山登高游玩，因此这卧佛寺少不了接待皇帝和皇后，也少不了得到皇帝皇后亲笔书写的墨宝。单说那个喜爱书法的乾隆，就在这里留下了很多墨宝，都被方丈当作宝贝装裱成了金匾。

不过，这块“性月恒明”金匾却与众不同，来历很不简单，是慈禧太后亲笔书写的。

传说慈禧太后垂帘听政期间，九九重阳节时她也曾来到香山登高游玩，并到卧佛寺上香。当时的主持云时非常想让慈禧留下墨宝，但是慈禧不像乾隆一样好这口，她从不给人题字。

因为这件事，云时可谓是绞尽了脑汁，终于想到了一个法子，打算先从慈禧的亲信，太监李莲英身上下手。想到这个主意后，他暗自点了点头，第二天大清早便带着一份厚礼到李莲英的住处去了，求李莲英想想办法。李莲英见他带来的东西实在不少，于是便答应了他的请求，自己心里暗暗有了主意。

九九重阳节马上就到了，云时迅速吩咐庙里的僧人收拾好了寺院等着慈禧太后前来。正午，慈禧太后果然来了，云时又急忙带领众僧前往迎接。

慈禧在寺里的活动流程的开头和之前并没有什么区别，给释迦牟尼像上香，拜了三拜，之后便在寺里闲逛，游玩。走到竹林的时候，李莲英马上引导着慈禧前往竹林里的一座凉亭中歇息，这时，云时早在凉亭里的石桌上摆满了丰盛的斋饭。

慈禧是一个生性多疑的人，为了不让慈禧起疑，云时马上跪下，按照李莲英的主意说他曾向佛祖求签，签上称重阳日将有贵客临门，于是便在这里备好了斋饭等待贵客，今日一看那签果然不假。慈禧听后，疑心果然打消了，非常高兴地坐了下来品尝斋饭，然而这斋饭虽好吃，可慈禧始终觉得少了点什么。

就在这时，李莲英马上将怀中的莲花白酒掏了出来，献给慈禧。慈禧一看心下大喜，她最爱喝这种酒，它的味道清淡，还很适合这顿斋饭。因为此事，慈禧对李莲英点了点头，说回去后有赏。

慈禧喝了几杯酒之后有些醉意了，李莲英便见机行事说："老佛爷何不题诗几句？"

醉意之下，慈禧终于答应了这个请求，叫了笔墨纸砚，写了一首五言绝句，又写了"性月恒明"四个大字，说道："佛祖虽已离去，但是佛性仍在，像夜晚的月光一样照亮大地。就写这四个字吧！"

云时大喜，急忙将这四个字收好，装裱成了金匾挂在卧佛殿外。

"性月恒明"金匾

乡村御医

清朝光绪年间，慈禧得了一种怪病，不吃不喝不睡，肚子疼得要命。看到慈禧太后的症状，御医们都吓坏了，急忙给她诊治，然而试过了很多药方，这病却总不见好。太医们没有办法，只能在民间寻找高人来为慈禧看病。

圆明园北边有一个名叫安宁庄的小村庄，村庄中有个以行医为生的世家的人，由于他家姓禹，排行老五，因此人们便叫他禹五。这个人的医术远近闻名，人或动物出了问题他都能治，乡亲们生病之后也总找他。鉴于他的名声，太医院首先找到了他，希望他能给慈禧看病。

禹五先生马上乘着轿车赶往西华门，来到了慈禧居住的内宫，给慈禧诊脉。

过了片刻，禹五便说道："老佛爷，您的这病啊，皆因'口'而起。"

听到禹五的话后，慈禧暗暗点头，心想自己这病的确是因贪吃产生的。庆亲王前些日子给她送了一些京东清水蟹，这东西好吃是好吃，但是吃多了却不行，再加上慈禧受了点寒，导致她吃的东西无法消化，堆积在胃中了。

禹五的药方并不难弄，但是其中却含有牛黄和巴豆。这两种药都是性寒的，如果老佛爷吃了后身体不好受，医生们都得倒霉，因此谁也不敢开这样的药方。然而禹五并非宫里人，他不知道这些，就将药方写出来了。李莲英看到药方后马上前往抓药，一会儿就把药带回来了。

慈禧喝完药后，病果然好了，因此慈禧非常高兴，问禹五道："你想要什么赏赐？要多少钱？"

禹五笑了笑道："家有粗茶淡饭，不需要钱财赏赐。"

慈禧一听，有些生气地说道："不要钱？那你说，想做什么官？"

禹五又笑，说：“我出身为两榜进士，但到头来却比不上那些‘捐官’的。现如今贪官当道，草民并不希望与之同流合污，并且吾师曾说‘读书人不为良相，则为良臣’，我无医国之力，只有医民之心，因此，草民并不打算做官，只想安安静静当个郎中。”

听到禹五的话后，慈禧脸色剧变，大怒道：“禹五，大胆刁民，居然妄议朝政，讽刺我治国无能！当斩！”说着便打算让人将禹五推出去斩了。然而，禹五并没有害怕，继续笑道：“老佛爷如果杀了草民，那您的病……”

禹五话音刚落，慈禧太后就捂着肚子“哎哟”开了。原来她的病并没有好彻底，这下一发火，就又复发了。慈禧太后疼得受不了了，想如果真杀了禹五，自己的病就没得治了，这样下去自己也得完蛋，于是只能将自己的话收回，给自己一个台阶下：“先生治好我的病，我怎么能杀先生呢？既然你不求财不求权，我就给你名吧！”

禹五这才跪地谢恩，又开方子治好了慈禧的病。

慈禧没有食言，不仅没有杀禹五，还给他写了“御医国手”四个大字，让内务府制成了金匾，并从太医院中选了一套《东医宝鉴》送给了他。

这样一来，禹五先生“乡村御医”的名号便传播了开来。

郑板桥题画

前文中曾经提到了香山的卧佛寺，这一次要讲的并不是卧佛寺，而是卧佛寺附近一座名叫“凌云阁”的亭子。凌云阁旁边有一块小型石碑，有三尺多高，上边刻着一幅翠竹图以及“郑燮题”三个小字，可以看出，这三个字以及这幅翠竹雕刻都和郑板桥有关。那么，这其中到底有怎样的故事呢?

传说郑板桥和卧佛寺中一位名叫青崖的和尚关系甚是不错，因此郑板桥来到京城之后肯定会上香山到卧佛寺中找青崖和尚叙叙旧。这一次，郑板桥在正月初一，也就是春节的时候来到了卧佛寺，然而，这次他来得匆忙，忘了带礼品，因此有些犯难。不过，犯难归犯难，他还是慢慢走到了卧佛寺外，没有办法，他只得硬着头皮进去拜访。毕竟青崖和他是老交情，即便没有礼物也是不会在意的。

见到郑板桥来访，青崖果然没有在乎礼物的事情，热情地邀请他进禅房聊天，直到傍晚的时候，郑板桥才想起身告辞。然而，傍晚时分天气突变，大雪迅速下了起来，郑板桥不得已退回卧佛寺，青崖和尚也答应收留他一晚。

第二天一大早，大雪终于停止，二人用完早餐之后便去凌云阁游玩，观看满山雪景。在这充满诗意的环境中，郑板桥打算给青崖题诗一首，然而青崖却希望他能画一幅兰竹图，并说：“兰花冰清玉洁，成竹雪夜长青，你画的兰竹无比绝妙，可否给老僧我画上一幅？”听到青崖的话，郑板桥哈哈大笑，说道：“无比绝妙是说不上，但赠送朋友还是可以的，还请多多指教。”

听郑板桥同意，青崖马上叫小和尚去取笔墨纸砚。

然而，小和尚走得太急，回来的时候却发现没有带纸，只拿了笔墨和砚台。郑板桥一看，指着旁边一座三寸多高的石碑说：“你要是不嫌弃的话，我就画在这个石碑上吧！”“好！”青崖点了点头。郑板桥马上提笔，在石碑上画了一幅翠竹，并写上了三个小字：“郑燮题”。在石碑上作画，再加上郑板桥深厚的功底，使这幅翠竹别具一格，更加显得潇洒、自如，不禁让青崖连连叫好。

两人继续前行，来到了后山半山亭旁边的一块石头旁边，青崖又请郑板桥出手，于是郑板桥又在石头上画下了一幅梅花图。等郑板桥离开后，青崖便找了一个有名的雕刻工匠，按照墨迹将这两幅图刻在了石头上，以便长久保存。

郑板桥书画

李莲英献葬品

从古至今，没有一个帝王会嫌自己命太长。并且，传说有一些不聪明的、抱有幻想的帝王甚至会寻求“长生不老药”来延续自己的生命，比如秦始皇和嘉靖。正因为如此，帝王们大都忌讳一个“死”字，不仅忌讳这个字，和“死”有关的东西也一样。如果有人敢将自己写的陪葬品清单献给帝王，那估计这个人就先被下葬了。

然而，慈禧太后身边的红人李莲英却没有受到这样的“待遇”，他在慈禧太后还活着的时候就献上了自己写的陪葬品清单，不仅没有被杀，反而讨好了慈禧一番，并且从中得到了很多油水。

这件事情传说是这样的。

光绪三十四年春，慈禧病重，她知道自己马上就要死了，因此暗示随从说自己的陪葬品一定要奢华，葬礼一定要隆重。李莲英是一个善于察言观色、揣摩圣意的人，因此慈禧太后的这些暗示他都看出来了，并且做出了一个让人心惊胆战的举动：将自己写的陪葬品清单给慈禧过目，并且立马跪下请罪。

谁知慈禧不但没有生气，反而对他的行为赞赏了一番，让他将这份清单报一遍。李莲英大喜，毕竟这份清单在慈禧死后就没人知道了，他想拿多少好处就拿多少好处，于是他急忙念道：“棺底铺七寸厚金丝镶宝珠锦褥，共有珍珠一万二千六百零九颗，白玉二百零九块，红宝石八十九块；又铺丝质荷花褥，共有五分圆宝珠二千四百零九粒；再铺佛绣串珠薄褥，共有串珠一千三百零九粒。

“穿金丝绣礼服，着绣花串珠褂，戴镶有鸡蛋大小宝珠的头冠，枕青皮红瓤白子黑丝翡翠西瓜，含光至百步夜明珠，持玉莲花；头边放一百零九尊金、翠、玉佛像，身边放玉藕珊瑚，手边放八匹玉马，脚边放两朵碧玉莲花、两棵翡翠白菜。

“棺内再设玉质九层玲珑塔，其上烟云花纹，最为珍贵。”

慈禧听到这里后表示自己非常满意，又说：“继续说。”

“棺内又有大珍珠五百零九颗，中珍珠两千三百零九颗，小珍珠一千零九颗，一钱圆珠两千四百零九颗，祖母绿一百零九块，红蓝宝石一百零九块；上铺珍珠被，有珍珠六千零九十九颗。

“棺边设玉狮子两座，翡翠龙两条，长明灯十盏，金质大钟一座，铜制罗汉十尊。棺前设香案一条，金香炉一只，文房四宝一套，书画、珐琅若干，瓷器、玉器若干。”

听完李莲英的话后，慈禧可以说是相当满意了，马上就赏了他一千两白银，并让他即刻去置办。李莲英很快就置办好了这些陪葬品，慈禧也如他的愿没几天就死了。慈禧死后，李莲英并没有完全按照清单上边的物品置办，私吞了很多，可是即便这样，慈禧太后的陪葬品仍然价值连城。

张道台访查料垛

张道台原名张伯才，民国时期宛平县人。他曾经做过永定河河务局的局长，由于清朝时期这个官职名叫“道台”，因此人们又称他为张道台。

张伯才从小生活在永定河畔，知道经常泛滥的永定河非常难以治理，不仅要堤坝高筑，还应做好防备工作以及拥有防患意识，只有全部做到才能保万无一失，因此他就打算去检查一下河边各处的防汛物资，看是不是准备齐全了。

做好这个决定后，张道台马上装扮成一个过路商人，顺着永定河大堤一路向南。

这一路上他看到了不少防汛用的草垛，感觉非常欣慰。

然而，事情忽然出了一些岔子。中午时分，张伯才前往河堤旁边的小酒馆吃饭，他刚进去没多久，有几个车把式也走进了酒馆。看到这一幕，张伯才马上和那几个车把式聊了起来，问道：“我看你们在拉苇草，是不是给河堤送料的啊？”

车把式们互相看了看，似乎有些窘迫，都没有说话，只有一个年轻小伙有些心虚地说道：“这个……说实话，这个是从河堤往外拉的……不是运到河堤去的。”

听到这人的话，张伯才非常疑惑，但是并没有再问其他。吃完饭，张伯才马上离开了酒馆，找到最近的掌管草垛的人，说自己打算购买苇草，希望他们能够卖给自己一点。那个管事的打量了一下张伯才后说道：“买？你知不知道这些东西都是防汛用的？这可是大事。”张伯才马上摆出一副焦急的样子说道：“我这里的事情也非常紧急啊，希望您能高价卖我一些。”

管事的眼珠转了转，之后说道：“那好吧，明天一手交钱一手交货。”

张伯才马上“谢过”了管事的，又问：“你们就不怕上边查下来吗？”听到张伯才“无意间”问起的问题，管事的笑了笑说：“这你不必操心，我们……”他马上将如何瞒过上级检查的方法一五一十说了一遍。

张伯才心下冷哼一声，脸上赔着笑离开了。第二天，张伯才马上传唤了所有工段的管事，当众拆开了一个草垛。人们发现这个草垛其实是空心的，根冲外梢冲里，再填充一些杂七杂八的东西，盖上一层苇草，整个“草垛”就算完成了。

检查完了第一个，他马上开始检查第二个，第三个，挨个检查了一遍，发现这种空心草垛并不是一个，而是每个工段都有。得到了物证，张伯才马上将这些要手段欺骗上级、把防汛工作当儿戏的人全部严惩。

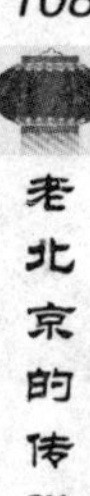

溥仪锯门槛

去过故宫的人都知道，内廷中有很多宫门是没有门槛的。如果有门槛，出入宫门的时候就要注意了，一不小心就会被绊倒，摔得很疼。虽然门槛是古代建筑的一部分，但是拆掉了门槛的确让人觉得非常方便。

其实，主张锯掉这些门槛的不是别人，正是清朝的末代皇帝——溥仪。

辛亥革命后，溥仪退位，但是还在紫禁城中居住着。因为西方思潮的影响，溥仪剪掉了自己的辫子，学习西方文化知识。

溥仪

有一年，一位王姓大臣送给溥仪一辆自行车，溥仪非常喜欢这个物件，天天骑着它满宫乱转。因为它的影响，婉容也开始喜欢上了自行车，两个人你骑一段我骑一段，其乐无穷。不过，一辆自行车终究太少，因此溥仪又花钱买了几辆，这一下两个人都高兴了，天天骑着车子乱逛。然而，有一件事让溥仪非常不痛快，那就是宫门的门槛。每次骑到门槛处都需要下车，将自行车搬过门槛，非常费时，因此溥仪就一直想把门槛锯掉。

然而，清朝宫廷里的老人们都不同意溥仪这么做，说这样会破坏掉皇宫的风水，并且上报给了隆裕皇太后。皇太后听到此事后就把溥仪骂了一顿，没办法，溥仪只能乖乖收起自己大胆的想法。

然而，隆裕太后没过多久就生了一场大病，眼看就不行了，这个时候溥仪才开始实施自己大胆的想法，先斩后奏地把御花园入口、顺贞门东侧、琼苑东门、琼苑西门、长康左门、长康右门、近光左门、近光右门、内左门、内右门、乾清门、隆宗门、景运门的门槛全部锯掉了，并在高一些的门槛上安上了木坡道。

锯门槛的太监认为这些门槛扔掉了实在可惜，因此就在大门后边放了一个汉白玉石座，将锯下来的门槛放在了里边，并且包上了铜皮，防止门槛毁坏。

后来，隆裕太后虽然得知了溥仪锯掉门槛的事情，但已经没有心力去管了。

乾隆征字

某年，乾隆皇帝打算找人书写一块“天子重英豪”的竖匾挂在文华殿，因此在全国范围内征集书法大师。

大臣们都说乾隆的书法已经臻至完美，但是乾隆并不这样认为，仍然坚持要在国内寻找高手，于是大臣们便不再管他，随他的意思办。这件事情在北京城引发了非常大的轰动，不管是官员还是百姓，都想展示一下自己的书法，每一天都有非常多的人来献字。然而乾隆皇帝的眼光非常高，这些送来的书法全被乾隆退回去了，说没有合适的。虽然也有一些看上去不错的，但是制成竖匾后却不是很合适了。

就这样，乾隆看了一幅又一幅，自己都觉得有些厌烦之际，他终于找到了一幅看上去非常完美的书法，这一下让他喜出望外，忙问这幅字出自哪位高人之手。人们马上回答说是一位名叫方观承的人写的。

得到这个消息后乾隆马上宣方观承进殿。

原来，这个方观承是一个落榜的进士，他落榜之后觉得无颜面对家乡父老，因此就不回去了，在京城以卖字画为生。乾隆听到他的经历之后说：“朕想要在文华殿挂一幅竖匾，希望先生能为朕题一幅字。”

方观承听到乾隆的话后马上谢罪，说：“草民怎敢在天子面前舞文弄墨，恐难当此重任。”乾隆笑道：“先生莫怪，只管放心写，朕保先生无后顾之忧。”

听到乾隆的话，方观承这才勉强答应了他的请求，在文华殿上观察了起来。他用量具测量了文华殿各个部分的长度，并且又仔细观察了文华殿的布局、整体格局和风格，这才动笔，飞快地写下了“天子重英豪”五个大字。

乾隆发现这幅字似乎和其他的字有些不同，因此便仔细端详起来。看了片刻后，他似乎是想到了什么，忽然大笑起来，连道好几个“妙”字，将其制成竖匾后立马叫群臣来观摩。谁知这些大臣们看了这幅字之后是笑的笑、摇头的摇头，都说这幅字虽然颇有功底，但是不似欧体、柳体，即便不看这一点，字的大小也不均匀，看上去非常不工整。

乾隆哈哈大笑，说道：“这幅字画不似欧体、柳体，却自成一派，端庄典雅，别有一番风味，我们不妨将它挂起来再看。”说完便让人将这竖匾挂了起来。

大臣们再一次看去，却被这幅字惊得目瞪口呆，只见“天子重英豪”这五个大字金光闪闪，苍劲有力，字体自成一派，和这大殿相得益彰，磅礴的气势浑然天成。这个时候，乾隆又问：“众爱卿，现在这幅字看起来如何啊？”

大臣们都羞愧得无地自容，不再说话了。

看着大臣们不再说话，乾隆又说道：“其实，我们从下往上望的时候，如果写的字一般大，就会出现下大上小的情况。这方观承书写的时候居然能够预见这一点，将‘天’字写得稍微大了一些，‘豪’字写得稍微小了一些，挂起来之后正好是上下一体，可见他的确是一位栋梁之材。众爱卿，你们说说，朕该给他一个什么样的官职啊？”

听到乾隆问话，众臣马上就讨论开了，有说封知县的，有说封知府的，但是乾隆都不赞成。这时，吏部大臣想了想，对乾隆说：“皇上，目前治下各地只有一个直隶总督的官位空余，不过……”

乾隆马上说道：“不过什么？虽然我们要依章办事，但是，只有破格录用这种奇才，才能让国家富强。”

年山子与年羹尧

根据民间传言，清朝时期的大将年羹尧的坟墓非常独特，一般的大将都只有一座坟墓，他在青云店却有一共三座。这三座坟墓中，最大的一座就在青云店的东南侧，因为这里是年羹尧的坟墓，因此被人们称作年山子。据说这年山子旁边曾经有一座四合院，是给看坟的人住的，但是目前这四合院已经消失不见了。这四合院内还有一口甜水井，附近村民经常到这里打水，但它现在也不见了。

说起这三座坟，我们就不得不提年羹尧这个人。

据说，年羹尧本是出生于贫困家庭，但是他自幼好学，聪慧过人，四五岁时便能过目不忘，一目十行，因此父母都非常疼爱他，送他去读书，希望他在将来飞黄腾达。他的父母将他送到了一个私塾中，这个私塾的先生住在青云店东边的关帝庙内，虽然贫穷，但是知识渊博，可谓文武双全。他不喜做官，便来到了这个偏僻的村庄教书育人。他见到年羹

年羹尧

尧后，发现这孩子智慧过人，出口成章，颇有名士风范，因此对他大加赞赏，将自己的毕生所学全部传授于他。

年羹尧一天天长大，在康熙当政的时候进京赶考，成功取得了入仕的机会。但是，年羹尧是汉人，清朝政府却是满族人当权，因此只让他当了一个小武官。年羹尧没有不满，稳扎稳打，每天锻炼身体，练习自己的武技。

这一天，西北地区少数民族出现骚动，战事再起，年羹尧便随军一同前往西北镇压叛乱。这个时候，他的文学素养和军事素养初步表现了出来，每一次都能得胜归来，立下赫赫战功。康熙发现了他的能力，因此把他的官衔提了又提，封他为镶黄旗汉军川陕总督。

这当然还不够，西藏地区战事再起，年羹尧平定有功，被封三等公爵，为抚远大将军。同年十月，平定青海地区叛乱，又被封为二等公爵，到雍正二年三月的时候，他已官至一等公爵。

然而，年羹尧晚期仗着自己战功卓著，逐渐变得骄傲自满起来，不仅如此，他自恃位极人臣，因此飞扬跋扈，目中无人。因为他的这种做派，朝野上下的大臣们对他生起了不满之心，因此有奸臣弹劾年羹尧，说他有谋反之意。一次两次，雍正还不会觉得如何，但是弹劾他的大臣越来越多，让雍正有些坐不住了。就在这时，又有人说雍正只能调动除了年羹尧军队以外的军队，可见年羹尧此人心术不正，定有谋反之意。雍正一想果然是这么个理，于是大怒，在雍正四年将年羹尧全家斩首，年羹尧死之前身体仍然直挺挺地立着。

雍正得知年羹尧死后仍然直立不倒的消息后大惊失色，知道他是大忠臣，是受了冤屈才被处死的，因此急忙下令禁止再斩年家人，然而圣旨传到法场时已经晚了，据说只有年羹尧最小的公子没有在家，又改名换姓，才躲过了一劫，其他人都已经和年羹尧一同被杀。

雍正非常后悔，马上下令厚葬年羹尧，赐金头，四十八口灵棺。不仅如此，他还将这次的葬礼举办得非常隆重，京城九个门一起发丧。因此，年羹尧就有了很多坟墓，其中就包括青云店的三座，自然也包括了这个“年山子”。

据说年羹尧的子嗣早就搬离了青云店，但是每到清明，外地和本地年姓人都会来到这里给他上坟。

铸钟娘娘

很久以前，某个皇帝盖好了一座鼓楼，便打算再盖一座钟楼，和它交相辉映，于是就招呼工匠们一同努力，让他们铸造一口一万三千斤的大钟，并且给了他们三个月的时间。

工部大臣不敢怠慢，马上下令征召京城内最好的工匠，齐心合力铸造大钟。工匠们接到旨意后马上动工，不到三个月，就将一口一万三千斤的大铁钟铸好了。然而，皇帝看完大钟后并不满意，马上就又给了三个月让工匠们重新铸造，因为这口大钟并不是用黄铜铸造的，而是黑铁，看上去非常不美观。

工部大人这回算是明白了，火急火燎地寻找工匠，一同努力铸造大钟。

这些工匠中，有一个姓邓的，他的女儿从他开始铸造铜钟的时候就发现老邓心不在焉，愁眉不展，于是问道："爹，你们不是铸了一口铁钟吗？为什么还要忙呢？"

老邓说："你不懂。皇上嫌铁钟黑漆漆的不好看，要我们给铸铜钟。"

"铜钟？那可不好铸啊！"跟着老邓待久了，他的女儿也明白其中的道理，这铜水不好凝固且不说，凝固了之后还不好定型，所以说这铜钟难铸。

"谁说不是呢？但是这是皇上的命令，听天由命吧。"老邓叹气道。

时间一天天过去，老邓的女儿不仅没看到老邓的脸色好起来，反而发现他的脸色越来越差，想是心力交瘁。他的女儿看在眼里，愁在心里，思考着如何才能铸成铜钟。

眼看就到了交工的日期，老邓更是连家也不回了，一心一意扎在铸钟工作中。邓姑娘几天都不见自己老爹，非常着急，担心他出了事，于是对自己的母亲说：“娘，我去铸钟厂看看吧，爹已经很久没回来了！”

虽然女子不应该去铸钟厂，但是邓姑娘的母亲自知拦不住她，只好答应了她的请求。

这天正巧是最后一天，等姑娘走进了铸钟厂，就看到一众工匠坐在地上，整个铸钟厂都弥漫着绝望的气氛：如果今天过去了，钟还没铸出来，这些工匠都会被皇帝杀死。

这时，老邓的工友看到了她，急忙把她往外赶，说道：“你一个姑娘家来这里做什么。快走吧！别跟我们这些将死之人在一块，沾了晦气，连累了你！”看到这一幕，邓姑娘心里充满了绝望。她心想：如果大钟铸不好，这些人都要死，那我不如牺牲自己，换这么多人的性命，也值了。

想到这里，她不仅没有离开，反而向着熔铸铜水的大锅跑去。老邓见状吓了一跳，急忙去拉自己女儿，然而，邓姑娘死意已决，毫不犹豫地冲入了滚烫的铜水中，老邓只抓住了一只绣花鞋。

这邓姑娘跳进了铜水中，想也知道是无论如何也救不活了。见到自己女儿惨死，又想到明天自己这些人都会被问斩，老邓不禁老泪纵横。其他工友看到了，也是悲从中来，眼泪不停。可就在这时，一个年轻工匠忽然看到铜水变了颜色，吓得他马上擦了擦眼泪，仔细看了一眼后叫道：“快看，这铜水变颜色了！”

众人听了这个消息，马上跑来看。只见这铜水发出了道道异光，让他们下意识地觉得这次一定能成功。因此他们暂时抛却悲伤，开始用这些铜水铸造大钟。果然，太阳快要落山的时候，工匠们终于铸成了一口八寸厚的大钟。

因为邓姑娘的身体融入了大钟内，人们便将邓姑娘叫作“铸钟娘娘”。

据说这口钟的声音末尾会发出“邪邪”的余音，因此人们都说这是铸钟娘娘回来找自己丢掉的那只绣花鞋了。

刘墉参乾隆

前文曾经提到，刘墉和和珅虽同朝为官，都是大学士，官居中堂，但是两个人的品行大相径庭，刘墉为官清廉，和珅则贪污受贿。正因为此，两个人非常看不对眼，有的时候遇到了，表面上看不出什么来，背地里却暗暗较着劲。

有一天，和珅又想了个损招阴刘墉，说道："你刘墉是今儿参一个人，明儿参一个人的，行啊！你还有不敢参的人吗？""就没我不敢参的！"刘墉也开始说大话了。一听刘墉说出这句话，和珅顺水推舟地说道："得了吧，我说一个人，你肯定不敢参！"

"谁？谁不敢？嗯？"

"那我可跟你说了，如果你敢参，我就拜你为师，给你磕头。如果你不敢，那你就拜我为师，给我磕头。"和珅说。"成！"刘墉马上赞成，还找了很多大臣作证人。一见事情已经成功一半，和珅内心窃喜，说道："这个人就是当今圣上，你去参吧。"

刘墉心说坏了，这皇上是谁都能参的吗？参奏皇帝，没别的，就是死罪。

但是他又不想承认自己不敢，于是就在心里盘算开了，这一盘算，还真被他找了个由头，心想："得了，这下我看你和中堂还有什么说的。"整理了一下自己的说辞，刘墉就去找皇上了。

"臣，刘墉有本！"

"……"乾隆正在批阅奏章，忽然听到刘墉又在外边喊开了，心下烦躁，但又不好表达出来，只得让他进来。见到乾隆之后，刘墉马上就跪下了，说："启禀万岁，关于这大清律法，臣有一事不明。"

乾隆一听就觉得不对劲，心说你们家几代都是管这个的，就是参人的，能不知道吗？不过还是问道："说吧，怎么回事？""回万岁，'偷坟掘墓’是个什么罪名啊？”“偷坟掘墓？”乾隆想也不想，直接说道：“斩立决！”

“臣还有一事不明。”

“讲。”

“万岁，什么叫偷坟掘墓呢？”

“俗话说阴宅、阳宅一理，死人的宅叫阴宅，只要动了阴宅的一草一木，就叫偷坟掘墓。”

“哎，这就对了！”刘墉就等乾隆这句呢，马上磕头谢罪，“臣有一本不敢冒奏，恐冒犯天颜，臣该万万死。”

“啊？”乾隆一听就纳闷了，这是要参谁啊？万万死？王爷吗？他哪知道刘墉要参自己啊，还打算给刘墉撑腰呢，马上就说：“别怕，朕赦你无罪，说吧。”

“谢主隆恩！”刘墉马上磕头谢恩，说道：“您还记得乾清宫大火的事情吗？”

乾隆说：“当然记得啊，现在还没查清楚到底怎么回事呢。”

“是，那么，臣记得您当时看明陵的殿座的木料不错，于是就给它拆了，修了您的乾清宫了。臣敢问万岁，您这算不算偷坟掘墓呢？”

“什么？”乾隆这下傻眼了，感情刘墉是参他来的。

乾隆哪说得过刘墉，只能把大清律改写了，称“见尸者杀，不见尸者发”，把自己给“发”到江南去了。

落泪的旗杆

落泪的旗杆其实是四根清朝时期的木质旗杆，位于雍和宫喇嘛庙内，其中两根高30米，分立昭泰门左右，另两根高20米，分立雍和宫东殿露台下两只石狮的后背。要说这“落泪旗杆”的来历，还要从日军侵华开始讲起。

1937年7月7日，日军以搜寻失踪士兵为由发动卢沟桥事变，侵华战争全面爆发。这一天天气很热，喇嘛庙内的喇嘛们用过晚饭后出来，却发现旗杆的铜帽处竟然往外渗水，将整个木质旗杆和底座都打湿了。人们大惊失色，都认为这是“圣水”，急忙伏在旗杆下跪拜，甚至还有人找来盆钵去承接。

就在这时，有个人大声喊道：“日军侵华，侵略祖国，竟让旗杆为之流泪！”

听到这个消息，众喇嘛先是一惊，然后便是悲愤，都称日寇欺人太甚。

因为日军的侵华暴行，雍和宫喇嘛庙的旗杆竟流了两天两夜的眼泪。这个消息没多久就传到了北京城内，引起了巨大的轰动，让所有爱国人士都兴起了复仇之心。

日军败退后，人们马上开始研究“旗杆落泪”的真正原因，一些专家认为这“旗杆落泪”是由于返潮或是旗杆内积存下来的雨水导致的，但是在对旗杆进行了查探之后发现，这些猜测都是错误的。

其实，这一现象的发生另有原因，并且这原因还很简单，让人哭笑不得。

一位名叫白玉贵的老喇嘛说，旗杆上的水并不是雨水，更不是什么“圣水”。他的徒弟巴图在“旗杆落泪”事件发生后一个月找到了他，向他坦白了事情的经过。原来这些水是他偷偷倒在铜帽里的，由于铜帽有裂缝，这些水便从裂缝中溢了出来。

坦白这些之后，巴图便不见了，消失在了大家的视野里，过了很长时间也没有确切消息。不过后来，有传言说巴图参加了抗日队伍，之后就再也没有见过他，想来应该是牺牲了。

雍和宫万福阁

光绪题金匾

根据民间传说，光绪这件事情发生在颐和园刚刚修复完毕的时候。

慈禧太后在颐和园修复后马上找到了主持修缮的工部大臣，希望能找人写一块金匾，在颐和园东宫门挂上。这一下让工部大臣犯了难，慈禧太后不喜题字，找她是没得说了，那么该找谁写这块匾呢？工部大臣想了好半天，才想到光绪皇帝，觉得只有他最合适，因此急忙跑来找光绪皇帝。

光绪听完之后为了让工部大臣交差，马上幅写了一幅他自认为非常完美的书法，交给了工部大臣。这个工部大臣不看还好，一看差点笑出声，这真的是皇帝的字迹？歪歪扭扭的，难看得要命。不过他并不敢嘲笑皇帝，因此只能将其收好制成金匾，硬着头皮挂在了颐和园东宫门上。

这块匾刚挂上没几天，就被慈禧太后瞧见了，然后她不出意料地发起火来，马上找来工部大臣，问道："这是谁写的？"工部大臣心想坏了，急忙如实禀告："回老佛爷，是皇上写的。"

"拆了！"慈禧太后马上呵斥道，"这样不堪的字体，挂在这里成何体统！"工部大臣急忙照做。

结果，这块匾刚拆下没几天，就又被光绪瞧见了，他也不出意料地发起火来，又找来了工部大臣，问道："这是谁拆的？"工部大臣心想又坏了，只好如实禀告："回皇上，是老佛爷拆的。"

听到这话，光绪也不敢说什么了，只得生着闷气离开。

晚上，光绪皇帝没有离开颐和园，而是在玉澜堂住了下来。他知道自己的字很难看，但是又很想给宫门题字，因此试了一张又一张，却如何也不满意，直到大半夜他都还不睡。正巧，工部大臣经过此地，发现屋内亮着灯，便来拜见，问道："万岁因何不睡啊？"

光绪皇帝说："朕打算给东宫门题字，可是写出来的字并不能让朕满意。"

工部大臣马上凑过来说：“万岁莫急，臣以为，自己练习，不如寻访名师。”

光绪点了点头，问道：“那依你之见，朕应该寻访谁呢？”

“其实在修建颐和园的时候，臣就发现有一个名叫王永福的木匠书法非常好，那个时候我就已经开始留意他了。他现在就住在园子东面的村子中，并且桃李满天下。臣以为万岁可去拜访他，学习书法。”

“这恐怕不妥。万一他见到朕，不敢教给朕，怎么办？”光绪问道。

“这……”工部大臣眼珠一转，想了想道：“万岁，臣有一计。”

“讲！”

工部大臣马上将自己的计划给光绪说了。

第二天，工部大臣一大早就找到了光绪，帮他换上一套便服，然后带着他到了院子东边的村庄中。由于工匠认识工部大臣，因此工部大臣去了多有不便，把光绪送到村口就离开了。光绪一个人来到了王永福家中，见到王永福后马上下拜，称自己希望学习书法。

王永福推脱了几番之后，见眼前这年轻人用意已决，这才答应下来，带着他进入屋子，把墙壁上字画中的奥妙全部讲给光绪听。光绪勤奋好学，不用多久，就将这些精妙之处全部记了下来。

做完这一步，王永福便亲手教他写字。光绪的字非常难看，因此自己苦练了一遍又一遍，纸也废了一张又一张。在专注的时候，时间总是过得飞快，没过多久，太阳就快要落山了。光绪虽然还想继续学习，但是王永福也有家室，自己在这里待下去多有不便，便告辞离开了。

这之后，光绪每天都到王永福家学习、练习书法，但是作为皇帝的他事务繁多，不得已，后来只得将王永福请到了颐和园中。直到这时，王永福才知道自己的徒弟竟然就是当今圣上。光绪就这样一天天练习着，他的书法大为长进。光绪非常满意自己的进步，也非常感谢王永福的帮助和教导。

重阳节转眼就到了，光绪皇帝激动地将大臣们召集到玉澜堂，然后拿起笔，在纸上写下了“颐和园”三个大字。大臣们一看，不禁连连称赞，毕竟他现在的书法比以前的好得太多了。光绪这才满意，将这幅字送到慈禧那里请她过目。这一回，慈禧也说不出什么毛病了，不仅如此，还夸赞了他一番，将这幅字制成了九龙金匾，挂在了颐和园的东宫门上。

卖宫门的王爷

传说，清朝道光皇帝执政期间的紫禁城里，竟然有人明目张胆地出卖午门，在午门上绑上一根绳子，将大臣们都拦在外边不让过。这还不算，还要在午门上挂一个“此路不开”的牌子，只有买下午门，才让过去。

这出卖午门的人如果不是不怕死的疯子，就一定不是等闲之辈。这个人正好是后者，他就是双亲王顺二太爷。这个人可不简单，是道光皇帝的亲叔叔，功劳非常大。道光皇帝曾经要封给他半壁江山，他却不收，觉得收了之后事情太多太烦。没有办法，道光只好多给他发放一份王爷的俸禄，加上他原来的那份，一共是双份，这才称作双亲王。

双亲王这个人性子直，脾气暴，看不惯贪官污吏，因此经常去道光那里指摘那些行为不端的王公贵族。这天，他偶然听说街道上的守卫经常用职务之便敲诈路人，情节非常恶劣，便过去查看，在宣武门大街上转悠、观察。

走了没一段，他就看到路边有一个乡下的老头在鞭打自己的驴，一边打一边骂，也不管这驴是不是能听明白。顺二太爷见了急忙走过去制止了老头，说道：“别打了，牲口又听不懂你说话，你把它打死了又能怎么样？还不是吃闷亏？能不能跟我说说发生了什么？”

听了顺二太爷的话，这老头才将事情一五一十说了出来。

原来这老头是乡下卖菜的，今天卖完一车菜，老头有点饿了，就把驴车停在了路沟里，自己去买吃的了。可是回来的时候却发现驴自己跑到了官道上，这还不算，正好有一个当差的看到了这一幕，就把驴车扣押了。

当时的大道分成两部分，两边高出的部分是官道，中间的部分是甬道。官家的人出行都要使用官道，百姓则只能使用甬道，如果百姓到官道上走，就会被罚，正巧老头的驴上了官道，没办法，只能认栽，一车菜钱全搭进去了，还挨了一顿打。他一时气不过，就打驴子出气。

紫禁城午门外

听到老头的话，顺二太爷这才明白发生了什么，马上说道："我来给你做主，你现在带着我，拉着驴车，就在这永定门附近转，就走官道，我倒看谁敢打你！"听到顺二太爷的话，老头害怕了，急忙说自己已经挨过打罚过钱了，不想再挨打、被罚。

于是顺二太爷将自己的身份告诉了老头，说："有我撑腰，别怕！你如果挨了鞭子，每挨一鞭子我就让他赔你十吊钱！"

听到这句话，老头才慢慢放下心来，带着顺二太爷在官道上来回跑。然而，这样的情况持续了没多久，刚才那个当差的再一次出现了，并且看到了老头。他呵斥了老头几句，然后就用鞭子抽打。然而，老头虽然被打得连连叫疼，却不躲不闪，记下了当差的打了他几鞭子。

这下当差的纳闷了，就呵斥道："你数什么呢？"

老头咬着牙道："双亲王说了，你打我一鞭子，就要赔十吊钱！"

当差的听到"双亲王"这个名头之后大惊失色，急忙停手，打算看看驴车后边坐着的到底是谁。他刚走到驴车后边，顺二太爷就从车上下来了，冷着脸瞪着他。这当差的吓得魂不附体，急忙向老头道歉。顺二太爷说道："钱拿来！你们仗势欺人，真该管管了！"

于是那当差的只好交出了三百吊钱，递给了老头。

这件事没过多久就在京城传开了，人们都听说顺二太爷刚正不阿，便都来求他帮忙。但是，前边也说到了，顺二太爷是一个嫌麻烦的人，这么多人他虽然想去帮助，但是也怕麻烦，怎么办呢？他想了想，想出来了这么一个"卖午门"的办法。

因此他马上来到午门外，用绳子将午门拦了起来，大臣们都不让过，说要过去的话就要罚钱。这些官员中，九门提督陶志廉也被拦了下来，然而他要去上朝，一直在这里耗着肯定不行，没有办法，他只好用4000两银子"买下"了午门。

顺二太爷马上把这4000两银子转手分给了百姓，解决了他们的生活问题。

洪承畴的逸闻

洪承畴，原明朝将领，后归降清朝，是清朝开国元勋之一。

后世对他褒贬不一，但不管怎样，明清二朝相接的时期，明朝的衰败和清朝的强盛是历史上不争的事实。不过，关于洪承畴，还有一个非常有趣的传说。

北京前门有两座关帝庙，供奉着关羽的塑像，然而，洪承畴的塑像也曾和关公塑像并肩放在其中，接受人们的参拜。这件事还要从明朝末期说起。

洪承畴

明朝崇祯末年，各地农民起义蜂拥而起，李自成率领的起义军声势浩大，明朝内外已是千疮百孔。就在明朝气数将尽、国力衰微之际，皇太极又带着清兵气势汹汹地杀了过来，没有办法，朱由检只能将洪承畴调回，对抗皇太极。

崇祯十四年，洪承畴战死沙场的消息传到了北京。

北京城内人心惶惶，人们纷纷准备弃城逃走。朱由检为了稳固军心民心，马上就令全国为洪承畴默哀，并在北京前门的关帝庙中塑造洪承畴塑像，举国参拜。然而一个月后，朱由检正带着百官参拜洪承畴的塑像时，另一个消息又传到了北京：洪承畴没有死，而是投降了清军。

听到这个消息的朱由检非常愤怒，立马将洪承畴的塑像摔碎。百姓们也非常生气，将关帝庙中洪承畴的塑像全部丢到了粪坑里。

不得不说，洪承畴的确是一位名将，在投降清朝之后，皇太极有了他的帮助，非常迅速地就将明朝覆灭了。

清军进关这一年的春节，北京城一片祥和景象。然而，熟睡的洪承畴却被自己家的护院叫醒了。这个护院什么话也没敢说，只是将一副新写的对联递给了洪承畴。洪承畴看了一眼，不禁气愤不已。

上联是：忠义孝悌礼仪廉；

下联是：一二三四五六七。

什么意思呢？上联中忘了写“耻”，下联中忘了写“八”，无“耻”忘“八”，显然是有人在骂他。

第三章　桥梁与建筑

蜜井与重檐阁

蜜井和重檐阁的传说是连在一起的，但是不知道是发生在什么时候的事了，只知道有这么个传说。

不知何时，北京西山的群山中住着一个养蜂老农，为了生计，他每天都在忙碌。等到蜂蜜收集得差不多了，他就想：北京城人很多，如果我把这些蜂蜜挑到北京城卖，肯定能够挣到不少钱。想到这点之后他马上打起了上好的蜂蜜，向着北京城去了。

他的想法很好，但是，在这里卖了三天蜂蜜后他发现一点都没卖出去。不仅如此，他带来的盘缠也用光了，食物也吃完了，无奈只能挑着蜂蜜往回走。他从彰义门出去后，瞪了彰义门一眼道："可别让我再看见你了！"离开彰义门，他又经过了小井村，又瞪了一眼这个村子，说道："可别让我再看见你了！"

他生气啊，这么几天蜂蜜没卖出去不说，还赔了盘缠。

经过小井村后，他又走到了大井村，这一段路把他走累了，只好停下来休息，取出瓢来，打算从井中舀水喝。然而，喝了一口就又吐了："我的天，这水也太苦了吧！"他把瓢里的水全洒了，坐在井边上叹气，心道自己实在太倒霉了，蜂蜜没卖出去，盘缠被消耗一空，喝个水都能喝到苦的。

发完牢骚叹完气，蜂农便打算继续赶路。然而，他忽然想到了一件事："附近的人们都靠这口井活着呢，我只不过是一时的倒霉，但这口井的水这么苦，他们可是要倒霉一辈子了。不行，我要帮帮他们。"想到这里，他一咬牙，将自己的蜂蜜全部倒进了井中。做完这些，他背着轻轻的蜂蜜篓子离开了。

也是巧劲，从他这里开始，这口井的水便不再是苦的了，而是像蜜水一样甜。依靠这口井过活的人都疑惑起来，不知道这口井的水为什么会由苦变甜。因为这井水喝起来像蜜水，因此人们便叫它“蜜井”。

蜜井的故事就到此为止，不过，重檐阁和蜜井也有很大的联系。

人们给蜜井起了名字之后，有人就说：“一定有人在这口井里倒了蜜，这种仁义大方的人值得我们纪念，就叫它‘义井’吧！”听到这个人的提议，人们都非常赞成，因此这口井就有了两个名字：蜜井和义井。

然而，井水如蜜一样甜的消息传到了一个贪婪的大官耳中，这个大官马上就想了一个办法，打算将这口蜜井收入囊中，于是来到了大井村，召集村民说道：“我认为，将井水变甜的不一定是一位仁义大方的人，还有可能是神仙下凡。所以，我建议在这里建一座庙，用来供奉帮助我们的人。”

人们觉得这个主意也不错，就答应了下来，在这里盖起了一座“义井庵”，正是打这里起，这蜜井也就归入义井庵中了。然而，又过了一段时间，这里又来了一个官位更高的，也想要这口蜜井，因此就借口说义井庵太小，将它拆了盖了个更大的新庙，并且让皇上出面给新庙起了个名字：万佛延寿寺。

这“重檐阁”的故事，就是从修建万佛延寿寺时开始的。

万佛延寿寺一定要比义井庵大很多，因此第二个大官就想再建一座“大悲阁”，这座大悲阁的构思并不普通，不仅要三丈六尺高，门窗还不能被雨淋。这两点要求让工匠们犯了愁：材料不够长，想要盖成这么高真的很难，并且即便盖这么高，门窗也难免会被雨淋到，那么这大悲阁到底该如何建造呢?

说来也巧，因为吃饭时的一些闲话，工匠们还真想出了办法。

事情是这样的：

有一天，工匠们正坐在一起吃饭，总觉这菜里放油放少了。一个工匠说道：“正好墙上有个油瓶，加点油不就好了吗？”听了他的话，距离油瓶最近的工匠便站了起来，去够那油瓶，然而这个工匠太矮了，够不着。“你踮踮脚就够着了！”旁边的一个年轻瓦匠说。

正是这一句话，让工匠的头头想到了办法：“等等，我忽然想到一个主意，如果我们将大悲阁底下垫高一点，三丈六不就够了吗？”人们一听，也兴奋了起来，都说有道理。于是，吃完饭，众人马上开始干，多加了两层台阶，将“大悲阁”凑成了三丈六。

不过，一共两个要求，这才完成了一个，众人还是非常发愁。

第二天，众人吃饭的时候都觉得菜没有盐味，因此便向菜里加了一些盐。然而，放了一点盐之后菜还是没有盐味。这时一个老伙房就笑了，说道：“你们放盐太少了，这么点不够，要放重盐才行！”工匠的头头非常聪明，又从这话里发现了什么，于是就说道：“我又有了个主意，你看，皇上不是说不让雨水淋到门窗吗，我们在屋檐上再加一层屋檐，弄个‘重檐’不就行了？”

大悲阁建造完毕之后，情况果然如工头所料，雨水根本淋不到门窗。于是大官非常高兴，重赏了这些干活的工匠。人们并没有忘记那个给他们“提醒”的小瓦匠和老伙房，打算去向他们道谢、送礼，然而二人踪影全无。这时人们才知道，原来老伙房正是鲁班，而那个瓦匠则是鲁班之子，二人见工匠们愁眉苦脸，才特地来帮忙的。

太和殿的龙

古代的故宫中流传着这样一句话："太和殿的龙——没法数。"意思是说太和殿上的龙数量很多。有些人不怕麻烦去数过，结果发现根本数不完，数不清楚，因此才有了这么一句。关于这一句话的由来，还有一个非常有趣的故事。

传说太和殿建成于明朝永乐十八年（1420），名曰"奉天殿"，在嘉靖四十一年（1562）改称皇极殿，清朝顺治二年时改称太和殿。这太和殿曾经遭遇过两次大火，第一次是在永乐迁都的一年后，当时永乐皇帝并没有对烧毁的太和殿进行重修。几十年后，正统皇帝朱祁镇才将它重新修葺。不过刚修葺没多久，嘉靖年间，它又遭遇了大火。

嘉靖皇帝非常迷信，对风水学深信不疑，因此总认为太和殿两度遭遇大火是风水出了问题，因此请了当时最有名、自己最信任的"半仙"唐永来进行观测，请他帮忙让太和殿躲避"天火"。

用完膳后，唐永马上就来到太和殿查看。一个时辰之后，他才点点头，对嘉靖皇帝说道："其实这大火都是玉皇大帝降下的天火。您是地龙，但他是天龙，所以会放出天火来烧您。"嘉靖皇帝颇为认同他的说法，于是便问："可有破解之法？"

唐永说道："破解之法自然有。草民知道那凌霄殿上共有八千九百条龙，如果您在这大殿上雕刻超过八千九百条龙，那么即使是地龙，也能压住天龙，玉皇大帝的天火就会失效。"

"好！"嘉靖马上点头，派人在奉天殿上雕刻、绘画一万条龙，压住玉皇大帝的八千九百条龙。

一段时间之后，负责重建奉天殿的大臣向嘉靖汇报了成果，说在奉天殿上一共雕刻、绘画了不同种类的龙共计一万三千八百四十四条，比要求的还多三千八百四十四条。

嘉靖

嘉靖大喜，急忙赏了这个大臣一些银子，在他发誓不说出这件事之后把他打发回家了。

然而，嘉靖生性多疑，总害怕这个大臣泄露了自己的“天机”，让玉皇大帝有所防备，因此打算杀掉这个大臣，永远封了他的口。然而这个大臣并不笨，早就不见了踪影。不仅如此，他还在一次酒席中因为喝醉而说出了这个真相。

不过传至今天，人们早就忘了太和殿上到底有多少龙，只知道有很多。

八达岭的北三楼

八达岭关城的南边和北边分别设有四座城楼，用以御敌。一般来说，御敌用的城楼都应该十分坚固，这八座塔楼中的七座也是如此，用石头和砖块填得非常紧密，但是北三楼的地下部分却是中空的，什么都没有。

其实，这北三楼的底部最初也是非常坚固的，是因为一件事才变成了这样。

传说在很久以前，八达岭附近流传着一首歌谣："八个金锅露着沿儿，八个金镢露着袢儿。"这首歌谣一共八句，每一句中都描写了八样奇珍异宝，一共是六十四件。

明朝时期，皇帝对八达岭长城进行过翻修，这一修就是九年九月零九天。这么长时间的工程，让整整九千九百零九个人累死在了工地上。督工害怕这一可怕的消息传播出去，因此将这些累死的劳工砌在了城墙中。但是，这件事情却意外地被一个人发现了，这个人马上就将这个可怕的消息传了出去。

百姓们对官府草菅人命的行为愤怒异常，便将这首歌谣进行了改编，将所有的"八个"去掉，然后在末尾加上了第九句："宝贝何时才出现？城墙一倒就出现。"

这一首歌谣让督工心惊胆战，成天疑神疑鬼，心神不宁。于是，他旁边的一个书童便说道："我这里有十年计划一份，百年计划一份，先生，您想在多长时间内解决这件事？"

督工听完之后马上问道："十年计划是什么？百年计划又是什么？"

书童说道："十年计划比较简单，只需要跟皇上上奏说北方的游牧民族正在操练兵马，希望皇帝派兵来守，那么，有重兵把守，这个秘密在短时间内就无论如何也不会被发现了。百年计划比较复杂，要这样……"

听到这两个计划，督工大喜，马上选定了百年计划开始进行。

其实，明朝和北方的民族是敌对关系，这里自有重兵把守，但到了清朝，清军本来就是从北方过来的，因此这里不再有士兵把守。在这时，大泥河村有一个人听说了很久前的这首歌谣，发现了其中的秘密，因此打算前来挖宝。他在八达岭长城上转悠了很长时间，终于被他发现了突破口，原来这里的八座城楼上只有北三楼有一块无字石碑。

他料想这块无字石碑肯定有用，因此将无字石碑推倒了，果然在下边发现了一个小木盒。这个人大喜过望，急忙将木盒收好，偷偷溜走了。回到家后他打开了木盒，发现里边有一本书。他认为宝藏的消息就在这本书中，因此就开始研究起来，一连研究了七七四十九天，终于发现了书中记载的秘密：北三楼楼下埋着大量财宝。

这个人马上叫了几个青壮上路了，来到北三楼之后白天休息晚上挖，又挖了七七四十九天，这才将藏宝机关挖开。然而，看到里边的“宝藏”后，这个人不仅没有高兴，反而气急败坏，猛地吐出一大口血来，直接就给气死了。原来，这里边根本没有所谓的宝藏，全是一些伪装成金条、金元宝的砖头瓦块，为了寻找宝藏，这个人几乎耗尽了所有的积蓄，结果全部打了水漂，他焉能不气？

这件事情飞快地传了开来，人们得知这件事后，对宝藏都不再抱有幻想了，也没有人打算去一探究竟了。这正是书童的百年之计。

直到现在，那北三楼的底部也没填上。

半山亭

半山亭位于香山的半山腰，风景秀丽，非常适合写诗作画。

其实这半山亭早期的时候还叫“宜书亭”，关于它名字的更替，还有一个传说。

据说在香山下曾经住过一户姓尹的人家，父亲叫尹老大，儿子叫尹长发，以种地为生。俗话说春雨贵如油，有一年春天天气非常干燥，春雨迟迟不下，闹得尹家的庄稼大片死亡。没有办法，尹老大只能从姓杨的地主家借了三斗谷子用以果腹，然而第二年这地主也是黑了心，居然朝尹家要六斗。

听到这个消息，尹老大马上愤愤不平地跑去衙门状告地主。然而，地主听到消息后急忙花钱买通了县官，让衙役将尹老大赶了回来。但是尹老大并不打算就此罢休，如果还六斗米，尹家今年就又没吃的了，所以他必须要告，不得不告。于是，他又找了个人写了张状纸呈到衙门去了。然而，看到这张状纸之后，衙门马上把尹老大斩了。

为什么呢？原来帮尹老大写状纸的人是杨大财主的狗腿子，他见尹老大不认字，就在状纸上写了一行字：“这姓尹的屡屡诬陷县太爷，见到此状直接杀了。”这衙门县官一看，马上把尹老大斩了。

这尹老大一斩，县官和杨大地主与尹长发的梁子就结下了。尹长发背负着深仇大恨，每天都到县里私塾听书，一听就是几年。他考试的结果却非常不理想，落榜了。但是他并没有灰心，在父亲的坟前长拜一遍，继续读书。这一次他不再去听书了，反而将读书的场所挪到了山上。他在山坡上架起了一座小亭子，在这里不分日夜地苦读。

五年之后，他终于从科举考试中脱颖而出。此时刚巧赶上原来那个县官被查落了马，他就当了本地的县官。不过，虽然做了县官，公报私仇还是不行的，他需要找证据。因此，他继续咬牙忍着。终于有一天，一个老人跑到县衙喊冤，称杨大财主的儿子抢了他的女儿。这一下他终于高了兴了，心说终于逮到你了，急忙开始调查。那杨大财主听说县官在查他们，又跑来贿赂县官，结果被尹长发逮个正着，再加上查出的各项罪状，数罪并罚，当天就把杨大财主和他的儿子砍了。

大仇得报，尹长发不禁老泪纵横，急忙跑到父亲坟前，打算把这件事情告诉父亲的在天之灵。

等到他磕头完毕爬起来时，忽然看到了半山腰上的小亭子，于是他便故地重游，到山坡上来看。看着很久很久没有再来过的亭子，他暗道自己这几年苦没有白吃，因此随手捡起一块木板，写下了“宜书亭”三个字，将木板挂在了亭子上。

由于这亭子位于半山腰，人们又将它称作“半山亭”。

佛香阁

要说颐和园里最高大的建筑，非佛香阁莫属，它建成于乾隆年间，是一座只有八层的建筑。据说，在建造佛香阁时乾隆本打算建造九层，仿照杭州六和塔的样子进行建造，然而在建造到第八层后就宣布停工了，因此就成了现在的样子。

一开始，工部大臣为了让皇上满意，便将建造工程压缩得特别紧，每天都亲自监督，恨不得把十年的工作一年完成，就比如说那延寿塔，一年就要交工。他说得很轻松，工匠们干得却不轻松，每天累得要死要活，休息时间少得可怜。不仅如此，除了人祸，还有各种天灾也来和人们作对，延寿塔修到五层的时候天降暴雨，地上水流成河，工程根本无法继续，工部大臣却让工匠们在雨中强行施工，并且在五个月内盖好第八层。没有办法，工匠们只得照做，在五个月内紧赶慢赶把第八层赶了出来。

俗话说慢工才能出细活，这工这么快，肯定有弊端，这第八层盖了没多久，整个塔就倾斜了，并且从中裂了一条大缝。即便这塔再不结实，盖得再快，它不出事就没关系，但这一出事就不好办了，这可是欺君大罪，所有人都活不了。看到这种情况，工匠们都发愁了，这盖个楼自己累死累活不说，到头来还落一个死罪，这谁受得了。

第二天的时候，和看门人有交情的监工卷铺盖逃了，其他和看门人没交情的工匠只能被留在里边。这园子的四周都有人看守，没有关系还想出去？

监工都跑了，工匠们更发愁了，过两天工部大臣就要来，一看到这种情况，肯定大发雷霆不可。看到这种情况，一个姓王的石匠站了出来，这个人有学问，通八卦易理，人送外号“王半仙”。他看到这种情况后马上想到了办法，说：“大家莫慌，我算到最近定然阴雨连天，雷声大作，我们就从这里边做文章！”

天色渐暗，事情果然如王半仙所料，大雨还没停，雷声也还是那么响。一看这种情况，王半仙马上率领几个年轻力壮的小伙子爬到了塔顶，用铁镐铁锹将最顶上一层拆掉了一截，然后他让那些小伙子回去休息，自己则去找工部大臣。

工部大臣还没睡下，听到王半仙在外边大喊大叫，急忙爬了起来，吩咐随从让他进来："怎么回事？大呼小叫的？"结果工部大臣话音还未落，王半仙就扑通一声跪下了，惊慌失措地说道："报……报告大人，不好了，刚才天上忽然劈下一道炸雷，昆明湖中冲出来一条巨龙，把塔直接破坏掉了，裂开了一个大缝！"

听到这个消息后工部大臣也慌了，急忙前往察看。他来到工地后发现这里的确已经是一片狼藉，塔身倾斜，裂了个大缝，碎石满地都是，好些人都被吓傻了，在一旁瑟瑟发抖。这个事情工部大臣可担不起，急忙向乾隆禀报。

乾隆听后亲自来到了事发地点观察，可是他也看不懂到底怎么回事，没办法，只好请了一个风水先生来这里观测。可谁承想，这个风水先生是王半仙的挚友，来到这里后就看到了王半仙，因此也把这件事的来龙去脉摸了个八九不离十，寻思自己一定要帮王半仙这个忙。

风水先生看了看附近的情况后说道："此塔与湖中龙门相对，冲了龙王的龙气，龙王发怒了，这才将塔毁坏。"

乾隆吓坏了，便向风水先生询问解决办法。风水先生说道："只需要将它拆除便可。"乾隆一听，马上松了口气，急忙下令将这座坏掉的塔拆除。

于是，王半仙和这风水先生联手，救了所有的工匠。

不过，乾隆总觉得这万寿山上光秃秃的，空落落的，因此又找了另一位风水先生前来察看，在另一个地方建造了八面四重檐的佛香阁。

咸丰十年（1860年）英法联军侵华，将佛香阁摧毁，光绪年间才又在原来的地址重建了一座，一直保留到现在。

永陵的琉璃瓦

说到皇帝的陵墓，十三陵是其中最壮观、规模最大的。十三陵东、西、北三面环山，地理位置非常好，是古代人认为的“风水宝地”。

十三陵是明朝的建筑群，顾名思义，它一共有十三座陵墓，分别为：长陵、献陵、景陵、裕陵、茂陵、泰陵、康陵、永陵、昭陵、定陵、庆陵、德陵、思陵。不过，这十三座陵墓中只有长陵、定陵和昭陵对外开放。

如果来十三陵旅游，就会发现除了永陵是红色琉璃瓦，其他的陵墓都是黄色琉璃瓦，让人非常费解。其实，这里边还有一个传说。这个传说起源于嘉靖时期。嘉靖皇帝热衷于炼制丹药修行道法，祈求于长生不老，以致荒废了国家大事，不过，即便如此，他对自己的陵墓却非常上心，觉得只要修建得当，自己就能成仙，因此他经常亲自前往施工现场监督。

修建底座、盖墙等工程时并没有出现让这位暴君不快的事情，然而，在烧制琉璃瓦的时候，这位暴君却发起怒来，因为他发现给他用的琉璃瓦都是红的，不是黄的。在古代，“黄”就意味着“皇”，没有黄色琉璃瓦，就象征着皇权不稳，他盛怒之下立马下令将烧琉璃瓦的人处斩，又叫了一批人来烧。然而，这一批人烧出来的琉璃瓦也是红色的，于是这一批人也难逃一死。

嘉靖非常愤怒，下了一道圣旨称如果再烧出红色琉璃瓦，不仅要杀本人，还要灭九族。他不发这个圣旨还好，发了之后全国上下那么多烧琉璃瓦的工匠全没了影，没人敢再说自己是烧琉璃瓦的了。这一下，嘉靖只有更生气，却没有任何办法。

不过，过了几天之后，一个青年忽然主动领旨要做烧琉璃瓦的窑头。然而，他烧出来的瓦还是红的，没有变化。这一下皇帝更加愤怒了，马上便要灭这个工匠的九族。这个青年却大声叫道：“皇上这么做实在是冤枉

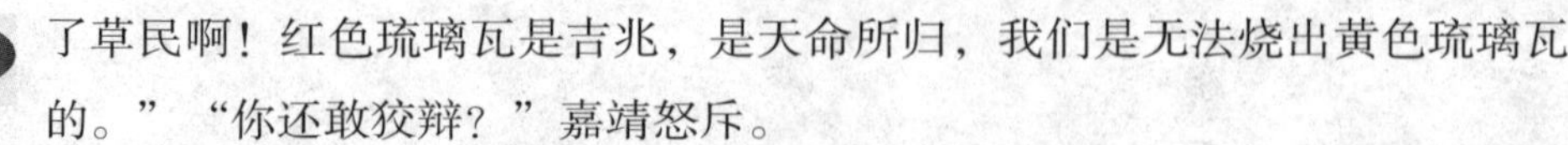

了草民啊！红色琉璃瓦是吉兆，是天命所归，我们是无法烧出黄色琉璃瓦的。”“你还敢狡辩？”嘉靖怒斥。

“红色琉璃瓦象征着皇上洪福齐天，这乃是真正的吉兆！皇上你的年号为‘嘉靖’，谐音不就是‘家尽’吗？红色琉璃瓦是老天要帮皇上您冲掉不祥之兆啊！”

嘉靖听了之后想了想，觉得也有点道理，“红”即“洪”，象征洪福齐天，这么一看果然是吉兆，用来冲自己的不祥之气，怪不得烧不出黄色的琉璃瓦。因此，他不仅没有杀这个工匠，还重赏了他。于是，现在的我们就会看到用红色琉璃瓦铺顶的永陵了。

明十三陵陵门

没有钩儿的门

“门”这个字，不管是简体还是繁体，最后一笔都应该是“横折钩”，然而，在故宫的门上写的“门”字却都是没有钩的。说起这一点，还有一个非常有趣的故事。

光绪二十二年（1897），慈禧太后嫌宫殿的颜色有些老旧，便派人将宫殿重新彩绘，包括但不限于太和殿、中和殿、保和殿这三个大殿，太和门等也要重新彩绘上漆，并且还要把匾取下来，重新书写。

彩绘和上漆的工作比较简单，光靠这些工匠就能完成了，然而这重写匾额就难了，所以慈禧马上在全国范围内招募书法出众的人。不过，这并非是在普通的地方书写匾额，这可是在皇宫中，因此，不管是技术实力不行还是心态问题错失良机，翰林院参选的二十多人没有一个被选上的。

当时有一个叫王金台的进士，这个进士自己没有多少可说的，但是他的长子王法良是真厉害，自幼爱好书法，擅长颜体字，写出来的颜体字书法和真迹几乎无二，可谓以假乱真。有一次，王法良将黑墨水洒在了自己的字上后将字以四百两的价格卖给了荣宝斋掌柜，后来这掌柜又用五百两卖给了翁同龢，可见其造诣之高。

当时的大学士李鸿藻和王金台认识，交情不浅，因此他在听说这件事之后立马想到了王金台的儿子王法良，因此马上带着王法良去找翁同龢。翁同龢见两人到来，便将那篇自己新买的颜体“真迹”给二人看。然而，这幅“真迹”的正主就在跟前，没有办法，王法良只好承认这幅字是他临摹的。得知这个消息后，翁同龢不仅没有生气，反而对他大加赞赏，称赞其书法造诣非常高，并且向皇上推荐了他。

光绪听说后也很好奇，马上派人将王法良请到了宫中，请他题字，展示书法。

于是，第三天的时候，光绪带着百官前往太和殿，观看王法良展示书

法。王法良倒是沉稳，马上就在纸上写下了“太和殿”“中和殿”“保和殿”九个大字，行云流水，丝毫不见阻滞。看到王法良的字迹，人们都大声叫好，说他的确不是浪得虚名。

光绪也非常高兴，马上请他写“太和门”三个字。王法良点了点头，又是大笔一挥，“太和门”三个颜体字便跃然纸上。然而，同样在观看的慈禧太后却摇了摇头，对王法良说：“先生最好重写‘太和门’三字，这个‘门’字不能有钩。”

原来，这“门”字中还有很大的奥妙。在古代人眼中，皇帝是真龙下凡，然而，龙一般是生活在水中的，水中之物如鱼、虾、蟹等都惧怕鱼钩，龙自然也不例外，所以这“门”字是不能有钩的。

知道其中原委的王法良点了点头，马上就重写了“太和门”三字，并且没有写最后的钩。

华表的来历

没去过天安门，就不能算到过了北京。人们都知道，天安门上立着两根白色柱子，称为“华表”，关于这两根华表，还有一段传说。

据说这两根华表建成于清朝年间，不过具体的时间不太确定。当时的北京城里有一种专门替皇室修建园林、陵墓、宫殿等的工厂，名叫“木厂子”“营造厂”，这两根华表就是其中一家营造厂主持建造的。这家营造厂的掌柜曾经是一个石匠，因此他对这方面的技术和石料的好坏非常熟悉。他在接到皇帝的圣旨后马上开始准备，寻找上等的长条石料。

不过，有句俗话说得好，叫“有价无市”，他虽然想寻找上等的石料，但奈何没人卖，无奈，他只好只身寻访名山大川，自己寻找。

过了很久很久，他几乎游历遍了大江南北，终于在山西的五台山山脚找到了中意的石料。不过这块石料实在太大太沉，如果要运走它，需要八百匹强健的马匹才行。他自己一个人可凑不出这么多马，因此只能寻求当地官员的帮助。当地官员和百姓听说是皇差之后二话不说就来帮忙了，终于把这块大石头运到了天安门前边。

然而，这块石料虽好，但这事情却不好办，因为这个掌柜非常耿直，不会送礼，也不知道送礼。他没有送礼，管理这个工程的监工大臣等人便恨上了他，就给皇上禀报说这块石料底下有裂缝。皇上听后大怒，马上下令让监工大臣查清此事。要知道，这种情况不仅是抹了皇家的面子，建造出来的建筑还很不牢固，非常危险。

听到这件事之后，这个掌柜傻眼了，他根本不知道发生了什么，只知道自己似乎大难临头了。没有办法，他只好去寻找京城里最有名望的石匠师傅，把这件事情讲了一遍。

听到掌柜说的这些话，石匠师傅马上明白了问题出在哪里，不过这送礼自然不是正经之道，于是老师傅想了一个主意，跟掌柜说了。掌柜听到

老师傅的办法之后马上笑逐颜开，急忙谢过。

在检查石料的那天，天安门上可谓是人山人海，监工大臣等官员都已就位，除了那些工匠，老师傅也来到了现场。监工大臣走了过来，对掌柜说道："你们现在就把石头翻过来吧！我们看看！"人们都知道，这石头是不能翻的，毕竟哪个石头上都会有缝，只是大小和多少不同罢了，这要是逮住一个小缝大做文章，恐怕事情也不好办。

掌柜没有回答，老师傅却走了出来，说道："大人，这石头恐怕不能翻啊！"

"为什么？"监工大臣冷声问道。

"这是一块质地上乘的石头，是用来制作华表的最好材料。不过，既然您说这块石头有裂缝，那最好不要翻了，免得把石头弄坏了，您也不好交差。"这监工大臣听完之后身子一抖，老师傅说的话的确没错，如果翻过来，石头没有裂缝，自己就是欺君大罪；如果石头有裂缝，他们可以狡辩说是翻动的时候弄坏了，不管怎样，他都要承担责任，落不到好。

正好，这老师傅又说："大人，您放心，我们建造的华表如果有问题，我们愿意承担所有罪责。"

这是在给自己台阶下呢，监工大臣也知道，所以不得不顺势说道："好，我相信你们不会欺瞒本官，那就这么定了，如果华表建造不好，我一定严惩！"

老师傅马上答应了下来。

过了一阵子，这里就立起了两根盘龙华表，气势磅礴，美轮美奂。

监工大臣视察了一下华表，觉得非常不错，便禀报给了皇上。皇上看后大喜，立即下令赏了监工大臣以及一众工匠。

卖蝈蝈笼子

众所周知，朱棣即位之后没几年就将都城迁到了北京，因为这块地方是他原先做燕王时的封地，他对这里有感情。这八臂哪吒城以及建造北京城的故事在前边已经提到了，这回我们说说建造城墙时发生的故事。

朱棣对主持建造城墙的大臣说一定要在城墙的四个角上盖上四座非常好看的角楼。这是一句非常普通的话，听起来是一个非常简单的差事，然而它并不简单：好看的定义是什么？怎样的角楼才能算好看？怎样好看的角楼才适合建在城墙之上呢？

大臣马上问朱棣具体要如何做，朱棣马上说道：“这角楼要九梁十八柱，一共七十二条屋脊。这件事情就交给你去做了，如果做不好，我可拿你和工匠们是问。”

这位大臣表面上答应得很痛快，但心里早就开始嘀咕了：这九梁十八柱、七十二脊的角楼好看不好看先不提，就说这第一步都完不成，因为根本盖不成这样。可是他又不敢违抗命令，多活几天也是活，大臣并不傻。

不过这位大臣多活的几天也没安生，他每天都睡不好觉，一直在想到底要怎样才能修建成符合要求的角楼，他不想死，多活这么几天的目的就是想一个好办法让他一直这样活下去。

然而，直到他起程前往北京的前一天，他还是没能想出合适的办法来。

到达北京后，他马上找来了京城里所有的工头和工匠，将这件事情跟他们说了，并且说期限是三个月。

工匠们一听就急了，天底下哪有这种角楼？

不过命令发下来了，不办也得办，因此这些工匠们开始和大臣商量了起来。这种奇怪的角楼梁不好上，柱子不好立，升斗不好安，哪哪都是毛病，不仅如此，从一开始的时候就不能乱盖，一步错步步错，错到后边想反悔也来不及，因此这三个月转眼就过了一个月，人们还是没有想出好办法来。他们的确尝试过，可是从一开始就出错，只好放弃。

这时正值盛夏，天气非常炎热，人们几乎都喘不过气来了。这种鬼天气，再加上心中一口闷气憋着，众人只感觉坐立难安，怎样都不好受。

一个木匠实在受不了这种氛围，便打算出去散散心，到街上散步去了。

就在他转圈的时候，忽然听到远处传来了一阵叫卖声："卖蝈蝈儿！卖蝈蝈儿嘞！"木匠心想自己烦躁了这么多天，买只蝈蝈解解闷也是好的，因此凑了过去。他发现卖蝈蝈的是一个老头，他提着很多用秸秆编制而成的蝈蝈笼子，不停叫卖着，然而只有他一个凑了过来，其他人都像是没听到他的叫卖一般，甚至连看都不看一眼。

木匠有些纳闷，想问问这个卖蝈蝈的到底怎么回事，但是，他在看到蝈蝈笼子之后便挪不开眼了：这装蝈蝈的笼子看上去居然跟小阁楼一样。木匠心里一动，马上花钱买下了蝈蝈和笼子，提着回到了工地。回去之后他马上招呼众人过来，说道："你们看，这只蝈蝈的笼子形状很完美，如果将它改造一下，兴许能凑成九梁十八柱七十二脊的角楼也说不定。"人们听到他的话后马上观察起了这个笼子，左看右看。

就在这时，另一个木匠叫了起来："哎，还改什么改？我数了一下，这蝈蝈笼子正好是九梁十八柱七十二脊，不用改造，照着弄就行！"

人们听到他说的话后大喜，马上又数了一遍，发现果真如他所说，这蝈蝈笼子正是标准的九梁十八柱七十二脊结构。

人们马上动工，照着蝈蝈笼子建造出了故宫的角楼。

人们都说那个卖蝈蝈的正是鲁班爷，他是专门来为弟子们排忧解难的，正因为如此，街上的其他人才看不见他卖蝈蝈的摊儿。

苏州街和泉宗庙

这件事发生在乾隆二下江南期间。

某天，乾隆带着一个亲信穿了便服，前往苏州城外的寺庙拜访。他烧香拜佛之后本该就此离开，却不想忽然看到了一个美貌的尼姑，这位尼姑气质非凡，竟有沉鱼落雁之姿。乾隆一时看呆了，直到亲信拉他衣角，他才回过神来。

自此之后，乾隆便对那个尼姑恋恋不舍。因为这件事，他甚至想传旨将那个尼姑召进宫来，然而，人家已经是佛门中人，如果将她宣进宫来，不免惹天下人非议。没办法，乾隆只好在昆明湖南边、清水河西边的蓝靛厂修建了一座七座石碑的“泉宗庙”，让她住在这里。这地方虽然叫庙，不过也可以说是乾隆的一处行宫，她虽然是尼姑，可也是乾隆的爱妃。就这样，乾隆到西山游玩的时候都会来这里，心里舒坦得不行。

然而，乾隆在一次游玩中来到此地，却发现尼姑身边的宫女慌忙跑来禀报说尼姑生病了，没有办法接驾。这一下把乾隆吓得够呛，急忙去察看，发现尼姑果然如侍女所说躺在床上，面容愁苦，眼泪不停。

乾隆马上问道：“爱妃身体可有不适？”尼姑抽泣着说道：“臣妾本苏州人士，几年没有回过家，有些想念家里了，还请皇上恕罪。”听完她的话，乾隆马上笑了，说道：“小事，小事！半年之后，朕保证和你同去苏州游玩，解思乡之苦。”

听到乾隆的话，尼姑马上停止了哭泣，非常激动地谢恩。

过了半年，乾隆果真来了，拉着她的手说道：“爱妃快随我上轿，朕带你去苏州！”尼姑听后大喜过望，急忙坐上了轿子。然而，这一队人马走了半个时辰就停了，乾隆说：“爱妃，苏州已经到啦！”

尼姑疑惑了，心想苏州离京城那么远，半个时辰怎么可能到呢？

这么想着，她便从轿子中探头向外张望。

这一望可不得了，她的眼泪马上就流下来了。这里是一条街道，街道的中心流淌着一条小河，河上小船随水而下，穿过了小河上的小石桥。河边是叫卖声不断的街市，苏州小吃应有尽有，人们也都操着苏州口音。原来，半个时辰的工夫，她真的回到了苏州，乾隆真的说到做到了。

此地当然并非苏州，而是在北京。乾隆虽然很想和她一同前往苏州，但奈何国不可一日无君，自己这一走，京城非乱了不可，因此只能在蓝靛厂到南海淀这一条大路上修了一条街，挖了一条河，邀请苏州的商贩店铺来此地做生意。于是，原本荒凉的地带就变成了繁华的“江南水乡”，又叫“苏州街”。

咸丰十年（1860），英法联军侵华，苏州街毁于一旦，只留下了寥寥几家店铺，证明着它的存在。那泉宗庙已经不见，苏州街也已经不在，但这个名字却流传了下来。

英法联军在第二次鸦片战争中侵略中国

定城砖的传说

从嘉峪关抬头仰望，就能看到放在西瓮城门阁楼后檐上的“定城砖”。这是一块青灰色石板，一直放在那里，动也不动。这块石头的历史比较久远，可以追溯到明朝的正德年间。正德元年（1506）时，明朝北部的异国活动猖獗，为了抵御北方游牧民族的进攻，正德皇帝不得不下令加固北方长城的防御，令兵备副宪李端澄掌管修建嘉峪关城门和城楼的一切事务。

然而，这李端澄公务繁忙，便叫校尉郝空监督此事，自己则继续处理公务。谁知郝空此人小肚鸡肠，对工匠们又非常尖酸刻薄，经常因为一点小事就对工匠们又骂又打，还屡屡不悔改，惹得群情激愤。

有一次，郝空又开始刁难工匠们了，他问一个名叫易开的工匠道：“你认为修建这嘉峪关需要多少块砖？”这易开是一个技艺超群、运算精准的建筑大师，他听到这句话后马上回答道：“我认为，建造此关需要用到九十九万九千九百九十九块砖。”

没有难住易开，郝空有些无趣，不过他想了想后马上冷笑道：“好，我现在就给你这么些砖。如果到最后少了或者多了，就算是少一块多一块，我也会斩了你，罚他们做苦力三年。明白吗？”

易开并没有害怕，马上回答道：“是！”

这些砖马上运过来了，易开便带领众人着手修建。过了不知多久，人们终于把嘉峪关建好了。然而，让众人从工程竣工的欣喜中忽然转变成害怕的是，一个工匠发现工地上还剩着一块砖，并且郝空正好在场。看到这个情景，易开笑了笑，将这块砖拿起，走到西瓮城阁楼后檐台上，把它放在了这里。

郝空见状马上叫道：“易开，你计算失误，多出了一块砖，该当何罪？”

外国人拍摄的长城老照片

谁知易开并没有慌张，反而笑道："大人，这嘉峪关并没有多出一块砖来。这块砖其实名叫定城砖，是用来守护整座城楼的。工匠们不知道，这才没有使用它，但是我知道，所以就把它放在那里了。如果您不信，可以把它拿下来看一看，不过，皇帝怪罪下来，重新盖城楼可就不要找我们了。"

听到易开的话，郝空就犹豫了。虽然易开很可能说的是假话，但他并不想冒着被皇帝杀头的危险去揭穿他，因此这件事只得作罢。

于是，这块定城砖就一直保存到了今天。

天安门狮子

前文中提到了天安门前两根华表的来历，这一次我们讲一讲金水桥边的两个石狮子。

它们原本是两个普通的石狮子，但是在肚子的部位却各自有一道用枪扎出来的窟窿。传说李广射出的箭能够深入石头中，但这两个石狮子肚子上的窟窿显然不是箭射出来的，那么这到底是怎么回事呢？

据说，这两个窟窿的来历可以追溯到李自成进京的时候。

1644年4月25日，李自成率军包围北京城，崇祯皇帝自尽。明朝气数已尽，京城百姓和守军只好大开城门，向李自成投降。李自成进京之后，从棋盘街穿过，又走进了文明门（文明门原址在人民英雄纪念碑南边，清朝时期改叫大清门，民国时期又改叫中华门。不过后来它被拆除了）。

经过文明门之后，李自成忽然看到前方坐落着一座高大的城楼，因此便问旁边的丞相牛金星这是什么地方。牛金星说："此乃大明的承天门。"李自成听到这个名字后哈哈大笑，冷声说道："原来造成民不聊生惨状的圣旨就是从这里发出来的啊！那还承什么天？"说完之后，他就从背后的箭袋里抽出一支箭，拉满弓，一箭就将"承天门"的牌匾射穿了，箭正好戳在"天"字上。

"好！"起义军中登时一片欢呼。

李自成非常满意，点了点头，继续向前。他发现，承天门城楼的东、南、西、北各有两个白玉石质的狮子，看起来非常逼真。只是东边这两个石狮子右爪踩绣球，身体向东倾斜，眼睛却向西；正相反，西边这两个石狮子左爪踩小狮，身体向西倾斜，眼睛却向东。这样一来，就仿佛这四尊石狮子正紧紧注视着承天门这里的大道。

李自成仔细端详着这几尊石狮子，忽然发现有一尊石狮子居然动了一下。

李自成冷哼一声，骑马上前，手中长枪直直戳在了石狮子的肚子上，弄得石屑横飞。就在这时，石狮子后边忽然冲出一个人影，一闪身，又躲到了另一尊石狮子后，李自成马上戳出一枪，又在那边那个石狮子肚子上戳了一个窟窿。与此同时，跟随李自成的士兵也围了上来，将那人擒获了。

原来，此人正是正阳门的守将李国祯，这石狮子动作诡异全是他搞的鬼。

虽然这原因查出来了，但是没人去填补石狮子肚子上的窟窿，因此就留到了今天。

清代时外国人拍摄的天安门外石狮和华表

望京楼和条石坳

望京楼的传说起源于戚继光所在的那个时代。

当时，戚继光正任蓟镇总兵，和支持他的谭纶一同建造位于今河北滦平县的金山岭长城。这金山岭长城的结构不似其他地区的长城使用一块一块的石头堆砌而成，它的城墙内部是长条的巨石，外边包裹着城砖，非常坚固耐用。在这奇怪的长城东边有一座老虎山，老虎山山顶有一座望京楼，望京楼地势陡峭，非常险要，如果想要去望京楼饱览壮丽山河，必须要从狭小的石缝中穿过、攀爬。

由于望京楼的特殊地形，在修建它的时候戚继光可是费了不少功夫。百姓和士兵们修建望京楼的时候可谓死伤惨重，因为条石稍有不慎就会滑落，造成人员伤亡。戚继光得知此事后连连叹气，心道真的不该选那个地方做哨楼，只是这金山岭长城已经完工，不想做也必须要做。虽然老虎山山顶易守难攻，是建造哨楼的最佳地点，但是，戚继光心疼百姓，见到百姓伤亡惨重，他也犹豫了。

得知此事后，玉皇大帝被戚继光爱民惜民的心深深折服，为了不让戚继光为难，便将二郎神叫来，让他去帮助戚继光搬运条石。二郎神得令，当天晚上就来到了老虎山下。他看了看那些条石，想了一个主意，只见他大喝一声，自己的三尖两刃刀就变化成了一根鞭子，他甩起鞭子，抽打在条石上。

说来也怪，他这一抽打，一块块条石马上就变成了一只只山羊，咩咩叫着跑向山上，没过多长时间，这些条石就全部被二郎神赶到了山上。然而，一个士兵外出小解，发现了正在赶山羊的二郎神，吓得大叫了一声，急忙跑回了帐篷。二郎神正聚精会神驱赶山羊，忽然听见一声大叫，也吓了一跳，一分神，将几十只山羊赶下了山坳，再也无法赶上来了。

第二天，戚继光马上率领士兵和百姓用二郎神赶上山的条石修建望京

楼。然而，由于二郎神不小心将几十块条石赶下了山坳，因此望京楼修建到最后的时候已经没有条石可用了，如果要从山坳里将条石运上来，又会有更多死伤，没办法，戚继光只好用碎石修建完剩下的一部分。

就这样，望京楼前几层都用条石堆砌，唯有最后五层用碎石堆砌。

由于那些条石至今仍然在山坳里躺着，因此人们便将这山坳称为“条石坳”。

戚继光

玉带桥的来历

西堤位于颐和园内，是当地的著名景观。说起西堤的六座桥，玉带桥是最漂亮的一座，这座桥建于乾隆年间，乾隆非常喜欢这座桥，经常来这里游玩赏花，闲暇时还会来这里住上几天，不亦乐乎。说到这桥的来历，还要从一个传说说起。

据说乾隆皇帝在某天夜里到昆明湖游玩，让纪晓岚和和珅一同陪着。三人登上一条小船，趁着月色在湖里转悠起来。和珅知道乾隆好什么，马上说道："万岁，今夜月亮正圆，月色正美，不如对月畅饮，岂不美哉？"

乾隆点了点头大笑道："好，就对月畅饮！"

和珅从小船的窖舱中取出酒来，给乾隆和纪晓岚满上，先敬乾隆，乾隆马上举杯，一饮而尽。

三人在船上说说笑笑，从十七孔桥一路向西而去。乾隆已经喝了很多酒，有些醉了，问和珅道："和爱卿相信不相信有天女下凡？"和珅摸了摸脑袋，心道这万岁爷果然是喝醉了，因此回道："臣是不信的，臣以为这些都是文人墨客们想象出来的场景罢了。"

然而纪晓岚却知道乾隆又在想七仙女了，马上就笑着说："万岁，臣以为和大人所言有几分道理，但并不全对。如果没有仙女下凡，人间也不会有这么多故事了。臣以为仙女的确是会下凡的，只是难以遇到而已。"

乾隆又问："依爱卿之见，朕有没有可能遇到仙女呢？"

"当然，万岁乃真龙天子，诚意到了，仙女自会来。"纪晓岚又说。

乾隆这下高兴了，又喝了几杯酒，迷迷糊糊睡了过去。

乾隆发现自己正在西堤散步，他从柳桥一路走到了练桥。忽然，他在不远处的镜桥上看到了一个模糊的身影，从背影看似乎是一位女子。恍惚中，乾隆马上想："这一定是仙女了！听闻仙女容貌姣好，能通琴棋书画，吟诗作赋，如果能和仙女在美景中游玩一番，实乃一大幸事！”想到这里，他急忙向着镜桥走去，打算和仙女说说话。谁想到，这姑娘看到乾隆走过来便急忙离开了。乾隆没办法，只得在后边追。

见乾隆追得紧，姑娘一甩袍袖，长裙上的白玉带便随风起舞，在昆明湖畔变化成一座玉带似的石桥，她从石桥经过，转眼就消失得无影无踪。

乾隆马上走上玉带桥，打算再继续追，却一脚踏空，掉进了湖中。原来，这玉带桥只有仙人能走，凡人是不能走的。

乾隆掉进水里之后吓得大叫一声，马上醒了过来。这时他才发现，原来这一切都是他的一场梦，自己还在镜桥旁边的小船上。

他马上大喊：“停船，停船！”和珅和纪晓岚都不知道发生了什么，迷迷糊糊地把船停在了岸边。乾隆跳下小船，走上镜桥，发现一切都和梦中一样，唯独少了那个仙女和那座玉带桥。乾隆知道仙女从玉带桥离开，便对和珅和纪晓岚说：“传令下去，找人在这里修建一座桥，这座桥要像玉带一样漂浮在湖中。”和珅和纪晓岚马上答应。

不久后，这里便多了一座汉白玉石桥，名为仙女桥，又因为它形似玉带，所以又叫“玉带桥”。

铁影壁

铁影壁位于北海以北的五龙亭，它的颜色非常深，看上去就像是用铁铸造的一样，然而，这只不过是一块火山岩罢了，里边含有某种矿物，因此才会呈现出深赭色。

既然它是一块火山岩，就一定不是北海当地的产物，因为北海附近并没有火山活动的迹象。其实，它是从德胜门的果子市街搬到这里来的，然而，这果子市街也不是它最初的所在位置，它最初位于德胜门外的一座庙，因为某些事情才挪到了果子市街，又挪到了五龙亭。

那么，“某些事情”指的是什么呢？

前边已经提到，北京在很久之前被人们叫作“苦海幽州”。这地方居住着恶龙，也居住着两条与世无争的龙，这次的故事就发生在这两条与世无争的龙身上。

这两条龙见北京城盖了起来，也没有打算和刘伯温等人作对，乖乖地变成了一个老头一个老太，找了个没人的地方住了下来。不过，北京城自打建起了城墙，西北风就一直不停，把尘土刮来了不少。见到这种情景，这两条龙可发愁了，如果再这么吹下去，北京城迟早会被这些尘土埋在下边。

老太说：“我觉得这里边一定有蹊跷，不然不可能刮这么大的风。”老头对她的话表示赞同，不过想了想后又说：“虽然话是这么说，但是问题到底出在哪里呢？”在屋子里待着干想肯定是得不出结果的，于是二人决定出去转转看看。这一转不要紧，马上就看到了两个受害者。第一个受害者是一个骑着毛驴的老头，一阵风刮过，他就被吹走了，本来他是在前门，现在却已经到了崇文门外边，飞了三四里地；第二个受害者是西山的一个小和尚，他在飞起来之前还在寺院里，飞起来之后却已经来到了北京城内，飞了四十多里地。

见到这样的情景，老头和老太更着急了，一路逆着风走，向着西北前

进。然而，这一路上看到的都是普通人，也没有什么可疑人物，直到二人来到北京城的西北角。二人忽然听到两个人在谈话，其中一个是个老太，另一个是个小童，二人的衣服都是土黄色，身上也全是土，脏兮兮的。那个老太手里拎着一个布袋，不停向布袋里装土，另一个小童也有一个布袋，他在向布袋里塞棉花。

只听那老太说："非得把这北京城埋了不可。"听到这一句，两条龙马上就知道发生什么事情了，感情这老太是风婆，另一个是云童，二人打算用土把北京城填平呢。

这时，风婆忽然发现了旁边的老头老太，于是急忙拉起云童打算离开。老头见势不妙，一个纵跳，挡在了二人身前，说道："北京城这么多人，你们居然想要把北京城埋了，是何居心！"

风婆冷笑道："你一个凡人，可管不上我们的事。这北京城挡住了我们的风，就别怪我们埋了它！"

老头哈哈大笑，说道："我怎么管不上？告诉你，今天你们两个必须把这两个口袋留下！"

风婆还没说话，云童却先动手了，他将自己的口袋一掀，放出了大片的黑云："婆婆，还不快放土！"

老头和老太见势不妙，张口一吸，将黑云全部吸到了肚子里。但是风婆的尘土也到了，没办法，他们只能将这些黑云吐了出来，伴随着水柱，直接就把风婆的沙土洗了个精光。风婆见自己法力被破，急忙带着云童飞走了。老头和老太不甘示弱，也化身真龙去追。

从这时候起，北京就再也没有大风，也没有尘土了。人们都说是龙婆和龙公将风婆和云童赶走了，为了纪念他们，也为了保北京城太平，人们便找来了一块铁影壁，在两边分别刻上了一条龙，让风婆和云童不敢再来。

很久后，北京城向南迁移了一段，北边的城墙离铁影壁远了不少，因此北京城又出现了大风和尘土。人们又将铁影壁向南挪了挪，移到了城里德胜门果子市街的庙前，这样一来，北京再次回归安宁。

这条街道最后因为两旁建筑的拓展而变得越来越窄，最后看上去和胡同没什么两样了，于是人们便将这里称为"铁影壁胡同"。

上方寺和下方寺

北京西山鳄鱼沟附近的山上只有一座石塔以及之前曾经存在过的古庙的残垣断壁，山下则什么也没有。不过传说，在很久之前，这里山上和山下分别有一座寺庙，山上的叫上方寺，山下的叫下方寺，上方寺中住着和尚，下方寺中住着尼姑。

佛门重地，自然严禁男女相通，因此两个寺庙的住持就一起商议，在中间修建了一道墙，隔绝僧人和尼姑的往来。然而，时候不长，两座寺庙就全乱了套：山顶没有山泉，洗衣做饭非常不便，山下又全是尼姑，没有力气砍柴。没有办法，两座寺庙的主持又达成了共识，在半山腰放了一块巨石，每天到时间之后和尚们就会将砍好的柴放下，尼姑们则把洗好的衣服放下，既能互相帮助，又能看不到对方，一举两得。

之后，这块大石便被称为“搁衣庵”。

一段时间之前，一个叫宏安的小男孩因为双亲去世，只能跟着叔父生活，但是叔父不巧又得了重病，在弥留之际担心他没人照顾，只好把他托付给了上方寺；一个叫妙贞的小女孩是家里的独女，他的父母非常疼爱她，听说做尼姑能长命百岁，因此把她托付给了下方寺。

有一天，妙贞在搁衣庵这里正好碰上了宏安。这两个人本就是邻居，小时后一起玩得很高兴，现在在这里碰上，不禁感慨万千。过了这么些年，二人都已长大，朴素的衣裳掩盖不住妙贞华美的容颜以及宏安俊美的面庞，于是，两人情愫暗生。

只是，这里终归不是久留之地，如果被人发现就糟糕了，因此两个人相约改天再见。于是，之后的日子里二人每天都想尽办法在搁衣庵相会，宏安从山上带来苹果给她吃，妙贞则从山下带来自己缝制的衣物给他穿。随着时间一天天过去，这件事终究还是暴露了，二人相会的时候被一个上山的樵夫发现了。

没过多长时间，整座山的人都听说了这件事。

寺庙的住持非常着急，这两座寺庙都依靠附近乡绅的香火钱支持，如果被他们听说这里出了这等事情，一定会损害两座寺庙的利益。于是，两个住持急忙商议，将附近的乡绅地主全都叫了过来，打算向他们澄清这件事。

两个寺庙的住持当着这么多乡绅富豪的面发誓，说这件事情是风言风语而已，是绝对不可能发生的。如果真的有这种事情，上方寺就会被水淹没，下方寺就会被火烧焦。其实他们这么说是有原因的，要知道上方寺海拔较高，洪水一般是不会影响到这里的，而下方寺地势较低，距离水源很近，就算起火，后果也不会很严重。

然而，两位主持刚发下毒誓没多久，同年夏天就下起了一场暴雨，没过多久，上方寺就被暴雨冲垮了。同样，这场大雨中的雷电击中了下方寺的一棵树，还没等人们反应过来，凶猛的天火便已经将下方寺烧了个干干净净。

自此之后，上方寺和下方寺便都成了断壁残垣，不过据说妙贞和宏安趁着这场灾难逃离了这座山头，不知道去了哪里。

定陵月亮碑

前文中曾经提到十三陵，这里是明朝皇帝的陵墓。除了思陵之外，每一陵前都立有龟驼碑，代表着这位皇帝有大功德。

我们这次要说的，正是定陵前边的龟驼碑——月亮碑。

定陵是明神宗的陵墓，只要去看这块石碑，就会发现在这块碑后边有一个白色的圆形痕迹，就像一轮圆月。据说，这其中还藏着一个可怕的传说。

历史记载，明神宗10岁登基，在位时期的前十几年可以说是一位明君，有张居正辅佐，各种大事小事得心应手。然而，张居正病逝后，明神宗便开始不理朝政，荒淫无度。明神宗一共在位48年，后边大半部分都在酒色中度过。

有一天，明神宗正在沉睡，忽然在梦中看到了一个赤眉老者，阴森森地看着他。神宗大惊，忙问他是何来头。赤眉老者冷笑三声，说道："吾乃火神，上天看你昏庸无能、不理朝政，特遣我来烧了你的定陵，让你死后也不得安宁。"

明神宗听后大怒，说道："定陵乃帝王陵墓，有天佑，岂是你说烧就烧的？"

火神就像是听到了一个天大的笑话，哈哈大笑起来，冷声说道："老天已经不会保佑你了。"

"胡说！"神宗怒道，"如果这定陵真的被烧，就让我马上瞎一只眼！"谁知，他说了这句话后神情忽然恍惚，左眼一阵灼痛，从梦中惊醒了过来。结果，醒过来没多久，他的左眼就瞎了。因为此事，他又想起了梦中火神的话，不禁害怕得瑟瑟发抖，从此一病不起，最终归西。

神宗的遗体安葬之后，人们忽然发现在定陵石碑的背面出现了一个白色的圆形标记。人们猜测这正是明神宗的右眼变化而成的，他害怕火神真

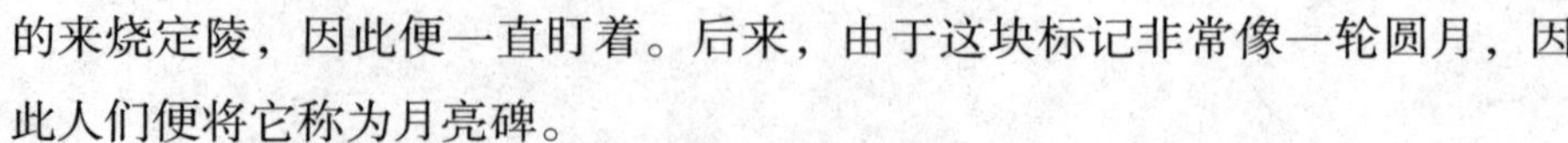

的来烧定陵，因此便一直盯着。后来，由于这块标记非常像一轮圆月，因此人们便将它称为月亮碑。

然而，即便明神宗如此算计，死后还惦记着自己的陵墓，这定陵最终还是被火烧了。

十三陵的神路老照片

过街楼的传说

想要知道过街楼的传说，还要追溯到清朝时期。据说在珠市口东大街有一家卖棺材的，名曰“贵寿”；有一家洗澡的，名曰“浴尘轩”，这个故事就发生在这里。某天，“贵寿”的掌柜在“浴尘轩”洗澡，正巧遇上了一个陌生老头，二人非常投机，便聊了起来。老头问这掌柜的道：“您是做哪行的？”

“就旁边那‘贵寿’的掌柜。现在这买卖太难做了，钱物两空，估计快没了吧！”

“没办法挽救一下吗？”

“哪来的办法！没有了。”

二人洗完澡，掌柜便帮老头付了洗澡钱。老头马上推脱：“使不得使不得，怎么能让您给钱呢？”掌柜的哈哈笑道：“不打紧，交个朋友而已，并且也没多少钱。”

这件事过去之后，掌柜便慢慢将它淡忘了。然而一个多月后的一件事情忽然让他想起了这件事。

这天，“贵寿”门口忽然停了20多辆马车，每辆马车上都装满了木头。这些马车到达“贵寿”之后，就开始卸货，把这些木头不由分说全堆在了“贵寿”外边。掌柜非常纳闷，急忙跑出来制止：“各位爷各位爷，怎么回事啊？为什么把木头卸在这儿啊？”“这是您需要的木料，都是上好的。”

“别了别了，这生意都快砸了，我哪有钱买这么多上好木料？”

“掌柜就别推脱了，有人已经付过钱了，看，这是收据。”

掌柜看完了收据，这些人也将木头全卸完了。这件事让掌柜有些疑惑，到底是谁买的木头呢？掌柜等了半天，发现并没有人来问这木头的事情，因此便狠下心来：“管他是谁的，能救急就行！可别怪我啊，我这里

都快倒啦！”这么想着，他急忙找来木匠把这些木头制作成了棺材。

有了这批上好的木料，棺材铺慢慢有了起色，资金运转了起来，再也不愁生意了。这时候，掌柜忽然想到了那天一起洗澡的事情，这才恍然大悟：“原来如此，想来那个老头就是狐仙啊！现如今我转了运，发了财，忘记了狐仙，那可真是忘恩负义了！”

想到这里，他便打算给这位狐仙盖一座庙供奉着，然而这附近住满了人，没有地方建这座庙，没办法，他只能请来木匠，在一条胡同里盖了一座空中阁楼，阁楼上设旗杆吊斗，从胡同里经过的人都会穿过这个阁楼，在见到财神爷后拜一拜。

由此，这过街楼便盖了起来，这里的香火也日渐鼎盛，不仅各种行业的生意人都来进香参拜，路过的游人同样会拜一拜。

后来，“过街楼”的事情传到了皇帝耳朵里，皇帝也乐得掺和一下这个事，于是就叫了一位御史，也来参拜这位“财神爷”。然而，这参拜的并不是真的财神爷，而是狐仙，狐仙道行可不比真的财神，因此受不得御史的拜，急急忙忙离开了。

不过，虽然如此，这里的香火还是很鼎盛。

做样楼的东直门

北京城刚刚修建完毕的时候总共有九个城门九座城楼，不过大部分人都已经忘记了最先修建的是哪座城门，史书上也没有记载。只有一些老工匠们知道到底先建起了哪座城门。他们都说："最先建起来的城楼名叫'样楼'，是鲁班祖师爷修建起来的，是其他城楼的样板。"这一说法要追溯到北京城初建时期。

皇帝在修建北京城城楼的时候定下了要求：高九丈九，二层楼，屋檐为飞腾状。这个要求实在是太难了，但是并不能推脱，因此监工大臣只能召集包工木厂的头头来商量。然而这些头头们也没搞过这么大的工程，不敢懈怠，急忙召集所有木匠一同商议，终于在几天后定下了城门楼的修建草图。

监工大臣看到之后认为这样的结构可以，便呈给皇上。皇上看过之后也觉得可行，便说道："就按照这份草图的样子做吧。"

皇帝允许之后，监工大臣马上将这个喜讯告诉了众工匠。但是，这城楼构造的事情是定下来了，可是到底先盖哪一座，众人又犯了愁。如果这座城楼建得好，那么皆大欢喜，如果建不好，它可是不能拆的，皇帝怪罪下来，谁都活不了。

大家正冥思苦想，监工大臣忽然想到了一个办法，便说："我们就从东北那个城门开始建造吧。"人们听后，皱着的眉头才渐渐舒展开，连连称赞监工大臣的主意不错。皇帝一般不会从东北那个城门经过，所以即便那个城门不是那么完美，也是不会有太大问题的。只要这第一座城楼建起来后皇帝没说什么，之后就好办了。

这东北面的城楼正是现在的东直门。

人们修建东直门的程序已经规划完毕，先将拱门立起来，之后盖第一层，盖完第一层后在旁边立二十几根木柱，然后盖第二层。然而，宫门立起来之后，人们发现东北角好像高出一点来。人们很是疑惑，便在上边上了椽子固定，可是，人们却发现东北角更高了。不得已，工匠们只好拿来量具测量，却发现东北角的高度没有任何问题。

人们就疑惑了，这到底是怎么回事呢？

这时，一个一直在旁边闲逛的小工匠趁他们说话不注意的时候就跑到了修建城门用的架子旁，飞快地爬了上去。然而，他在快要爬到顶上的时候手一滑，摔了下来。人们见此情景都吓得不得了，失声尖叫起来，一些心软的甚至把头歪了过去不忍心看。

然而，过了两三秒，人们并没有听到小工匠的惨叫，这才睁眼看去，发现小工匠正好踩在东北角的椽子上，原来是抱住了架子旁边的杆子，滑下来了。

工头见他这样，心里的石头也落了地，想训斥他几句让他不要做这么危险的事，却发现小工匠钻进人群中，马上就没影了。这一下子把工头气得够呛，刚想发火，却听旁边的人叫了起来："快看，东北角好像已经平了！"

工头听见这一声叫喊，马上转头去看，发现的确是这样，城楼的东北角看上去已经非常平整了，不再高出来一些。众人急忙过去看，发现这椽子上留下了一个脚印。人们这才知道，原来这个小工匠是鲁班爷所化，是来帮助他们的。

东直门建造完毕后，经过皇帝的允许，人们始终没有将那个脚印垫高，留下了它作为纪念。

东直门老照片

十七孔桥

人们都认为卢沟桥上的狮子非常多，几乎到了数不清的地步。不过，这卢沟桥上的狮子还不是最多的，颐和园十七孔桥上一共雕刻了五百多只石狮子，要比卢沟桥上的还多几十只。

十七孔桥修建于乾隆年间，一共150米长，架设在南湖岛和八方亭之间，可以说是连接了“蓬莱岛”和“人间”。

十七孔桥规划定下来之后，乾隆马上找了很多有名的工匠，从房山一点点开采了大量汉白玉石，用来修建这座十七孔桥。这些石头弄好之后，众人又将它们搬运到了颐和园中，准备精雕、修建。然而，众人还没开工，就见一个七八十岁的老人在附近闲逛，叫卖着他的商品“龙门石”。这个老人看上去非常脏，脸上的土甚至能看出厚度来，头发很长，也不整理，乱兮兮的。工匠们见他如此肮脏，都不理他。

这老人在这里叫卖了三天，还是没人搭理他。

人们以为他会就此离去，然而他并没有走，背着自己的工具跑到旁边的树下歇着去了，没有丝毫要走的意思，就是到了晚上也不打算离开，就这么在树下睡了，第二天一大早就起来敲打他的那块龙门石，就这样一连过了几天。

有一天晚上，天气突变，下起了暴雨，这老头没有办法继续干活了，只能蹲在树下，用手尽可能地挡住自己的脑袋和身子。好在，村子西头的王老头从这里经过，见他可怜，便邀请他来自己家里住。

这老头自从搬到王老头家之后身上不脏了，饭也有的吃，生活渐渐好了起来。他一直在王老头家待了一年，这一年里他一直在雕琢那块龙门石，直到有一天他将要离去，才停止自己手头的活，对王老头说：“我马上就要离开了。在你这里打扰了一年，没有可以报答你的地方，就把这块石头送你吧。”老王大笑道：“你凿了它整整一年，忙活了整整一年，所以还是你带着吧。”老头又说：“你还是收着吧。真到用时，这块石头一百两都刹不住。”

没办法，王老头只好收下了这块石头，把老头送走了。

这时，颐和园十七孔桥的建造正处在收尾阶段，乾隆皇帝甚至打算亲自到工地游览一番贺喜。然而，这座桥中间的最后一块石头不知为何，总是雕琢不好，不是这里出问题就是那里出问题，乾隆马上就要来了，监工大臣得知此事后非常着急，皇上怪罪下来他可受不了。

就在这时，有的工匠忽然想起一年前在这附近曾经出现过一个叫卖、雕琢龙门石的老头，于是就报告给了监工大臣。监工大臣听说此事之后马上派人寻找，终于打听到了王老头家里。王老头听到监工大臣亲自来拜访，自己也吓了一跳，心道那老头果然神机妙算，这块石头原来真的有用。

监工大臣测量了一下那块龙门石，发现它的尺寸和桥上差的那部分严丝合缝，如果不是亲眼所见，这情况无论如何也不会让他相信。于是，监工大臣激动万分地对王老头说道：“老人家，这块石头您有没有要卖掉的意思？我需要这块神石救急！”王老头笑道：“那凿石石匠在我这里住了一年，如果你执意要给，就给个饭钱吧。”

监工大臣听说之后，直接就将一百两银子交给了王老头，派人将这块石头拉走了。

监工大臣所料不错，这块龙门石放在桥上可谓是天衣无缝。

修桥的工匠见到此景，心里的石头总算落了地。人们这才醒悟过来，当日那个脏兮兮的老头应该正是易容的鲁班爷，他是来帮助弟子们修桥的。

从这之后，这里便流行起了一个说法：十七孔桥是鲁班帮忙建造的。

故宫的宫殿

传说朱棣派遣刘伯温修建北京城之后，又让他去修建紫禁城，并且为了图个吉利，还打算盖一万间宫殿，取“万事如意”“万载祥和”“万福万禄”“万寿无疆”等意。

然而，他在将这条旨意传达给刘伯温的当晚，忽然做了一个奇怪的梦。他睁开眼时，发现自己并不在自己的寝宫，而是在凌霄宝殿，玉皇大帝就端坐在正中，满面怒容地瞪着他。朱棣大惊失色，急忙跪下。

玉皇大帝怒喝道：“听说你打算在人间建造一万间宫殿，这件事是真的吗？”

听到玉皇大帝问话，朱棣不敢不回答，急忙叩头说：“是的，我的确打算建造一万间宫殿，取‘万事如意’‘万载祥和’‘万福万禄’之意。”这万寿无疆他可不敢说，毕竟面对的是玉皇大帝，自己可不敢和玉皇大帝万寿无疆，当年的齐天大圣就是个例子。

玉皇大帝怒意更盛，又问道：“你可知道我这凌霄宝殿有多少间？”

听到玉皇大帝的话，朱棣更加害怕了，知道玉皇大帝有怪罪之意，急忙叩头：“小臣实在不知，请玉帝明示。”“我告诉你，我这凌霄宝殿总共也就一万间宫殿，你难道想要和我平起平坐不成？”玉皇大帝冷哼道。

听到玉皇大帝的话，朱棣惊出了一身冷汗，急忙回答道：“小臣不敢和您平起平坐，实在是小臣不知凌霄宝殿宫殿的数量，如果知道，给我一万个胆子我也不敢这样做啊！”听到朱棣的回答，玉皇大帝这才“嗯”了一声，点了点头道：“知道就好。为了让你的江山万载祥和，我就赐你一块天石，只需要将它放在宫中，就能镇住整个宫殿。并且，为了让你治下万民安泰，我还会派七十二地煞以及一百禽兽随你守卫皇城，所以，你没有必要造一万间宫殿来保自己‘万载祥和’，我自会帮你。”

朱棣马上磕头谢恩，再抬起头来，却发现自己已经清醒过来，还躺在自己的寝宫里。

经过了这一趟事情，朱棣不敢再造一万间皇宫了，因此马上找来刘伯温，向他诉说了这件事情。刘伯温想了想后说道："既然无法盖一万间，就退而求其次，盖九千九百九十九间半吧，这样既不会损害您的威严，也不会和玉帝平起平坐，一举两得。""好！"朱棣听完刘伯温的话之后点了点头，说道："还有，记得朕刚才所说的天石以及那些地煞和禽兽吗？它们就交给你寻找了。"

刘伯温领旨之后便离开了。

这紫禁城一建就是四年，四年后，朱棣前来视察，问刘伯温道："当年玉帝所说天石现在何处？"刘伯温马上将朱棣带到了华盖殿后边，指了指一边那个巨大的石雕说道："这就是玉帝所说天石，重达万斤。臣寻到它后，在天石上雕刻了九条巨龙，镇守皇宫。"

"好！"朱棣连声称赞，"那么，七十二地煞和一百只禽兽在哪里？"

刘伯温马上回道："回皇上，这七十二地煞已被臣安置在皇宫之下七十二地沟之中，可以驱逐皇宫地下的阴邪之物。这一百禽兽则被雕刻在了宫殿的垂脊上，飞禽走兽应有尽有。"朱棣听见他的话后向四周看去，果然发现在屋子的垂脊上雕刻着很多怪兽，心下大喜，马上重赏了刘伯温。

据说刘伯温并没有建造九千九百九十九间半的宫殿，而只建造了八千七百零七间半，因为建造那么多宫殿实在太劳民伤财了，并且朱棣也不可能真的去数，因此就这么不了了之了。朱棣倒是真的以为自己的宫殿只比一万间差半间呢。

第四章　古迹与饮食

蜈蚣井

传说北京城刚建起来的时候，京城里的井水大都是苦的，甜水虽有但很少。不过，后来孽龙作祟，高亮赶水时只戳破了苦水水篓，导致北京城的水全部变成了苦水，甜水则被龙子的儿子带到了玉泉山。正是因为这个原因，除了每天派人到玉泉山拉水的皇帝，其他的王公大臣、平民百姓都喝不到甜水。人们每天都在为喝水的事情发愁，尤其是茶馆、酒馆，用苦水泡茶酿酒，怎么也好喝不了。

一天，一个空旷的茶馆中忽然来了一位年迈的客人，一进门就喊："掌柜，沏一壶好茶！"因为水质问题，这里的茶馆一般没人来，所以掌柜的也没什么事做，正伏在桌子上小憩，忽然听到有人来了，又是疑惑又是热情地招呼道："好的，您稍等！"

掌柜的马上跑去泡茶，不一会儿就端着热气腾腾的茶过来了，放在了老人旁边。

老人看着红糖水似的茶水皱了皱眉，不过还是端起来喝了一口。

"嘿，这可真够苦的！"老头咂摸着嘴说，"掌柜，这茶为什么这么苦啊？"

听到老头的话，掌柜的苦笑着说："您有所不知，这北京城曾经也是有甜水的，但是在京城修建完毕后有两条孽龙捣乱，带着甜水走了，所以这里就只剩下了苦水。"

听到茶掌柜的话，老头笑了起来，说道："如果这里有甜水，你还会不会用苦水泡茶了？"

掌柜继续苦笑："肯定不用了啊！您看看，这店里都没什么生意，谁愿意一直用苦水泡茶啊！这不是自断财路吗？"

老头听了这句话，思忖片刻后说道："好，那就这么办吧。"说完便从袖子中取出了一条大蜈蚣。这条大蜈蚣一共三寸长，生有十七条腿，通体金色，一看就非凡品，更不是毒物。老头取出蜈蚣后，似乎和蜈蚣交流着什么，过了片刻后才一甩手将蜈蚣扔了出去，叫道：“去！”这一声刚落，蜈蚣便飞上了天空，转眼消失不见。

这是什么神通呢？掌柜见到蜈蚣飞天的情景直接傻了眼，不知道老头到底是何方神圣，又不敢问，只能憋着。这老头也是奇怪，对此事只字不提，饮过茶水，付过茶钱，拍拍屁股走了。

茶掌柜也说不出个所以然来，于是又继续小憩。

谁知两天过后，茶掌柜忽然听到了一则消息，说是皇城东边的地界出现了一处泉眼，这处泉眼的水是甜的。听到这个消息，茶掌柜大喜，马上派人到那里去拉水，不再用苦水泡茶了。过了几天，他又听到了一个更好的消息：安定门外不远处也出现了两处泉眼，也都是甜水，现在已经打上井了。

还没等茶掌柜的兴奋头过去，没过三天又传来了新消息：丰台的十八村附近一下子出现了十七处泉眼，每一个泉眼的水都是甜水。听到这个消息，茶掌柜除了高兴便是疑惑，总觉得哪里不对。毕竟自打刘伯温修建了这八臂哪吒城，城里的甜水就被孽龙一扫而空，为什么现在短短几天内就出现了这么多？

不过，见这些甜水喝着没问题，茶掌柜便不再去想这些想不明白的事情。

自打这茶馆使用了甜水，喝茶的人渐渐多了起来，这里也成了一个南来北往的客人谈天说地的好地方。有一天，茶掌柜和客人们一起聊天，无意间就提到了当初那个从袖中取出金蜈蚣的老头，还说了那只金蜈蚣的特点。话说到这儿，一个人忽然叫了起来，说道：“掌柜的，我想这甜水应该就是这老头和那蜈蚣所为。您看，那第一口甜水井正是蜈蚣脑袋，第二次出现的两口井正是蜈蚣的触须，后边那十七口井正是对应那金蜈蚣的十七条腿。”

人们一听，都觉得很有道理，因此纷纷称赞那个驱使蜈蚣的老头和那条金蜈蚣，并且为了纪念老头和那条金蜈蚣，便将这些甜水井叫作蜈蚣井。

摔龙石

摔龙石位于北京西山的一座小庙中，上边有一道惟妙惟肖、鬼斧神工般的像是半段龙身的印痕。至于为何被人们称之为“摔龙石”，还要从一个古老的传说说起。

很久以前，存放摔龙石的庙还没有建造，这里不过是一个普通的小山头而已，盖着一座普通的草房子，住着一户普通的人家。这户人家只有两口人，一位老太，一个叫作牛子的儿子，牛子父亲已经去世，他便跟着自己的母亲一起生活。

牛子这年十二岁，身强体壮，上树打猎无所不能，并且吃苦耐劳，人也非常朴实。人们都说牛子是一个好孩子，牛子的母亲要享福。

然而，美好的生活也在这一年发生了转变，牛子认识了一个同样是十二岁的孩子，名叫龙儿。他对牛子说自己居住在深山里，如果见到西山山头上飘下黑云，龙儿就会从那里过来。牛子的母亲非常喜欢这个小男孩，经常给他做好吃的东西，但是龙儿并不喜欢吃这些，只喜欢喝水，还经常在牛子家外的石头上睡觉。

有一天，牛子家里水缸中没水了，牛子的母亲便对牛子说让他去山涧打水。牛子痛快地答应了，提着瓦罐来到了山涧。可是，他看到现在的山涧后就傻眼了，原来这里已经一点儿水都没有了，整条山涧空空如也。这样一来，不仅牛子家，全村的人都无法用水了。

牛子没了主意，不知如何是好，也不知道山涧为什么会干涸。

回到家后，牛子把看到的情况说了，牛子的母亲也觉得很奇怪，但同样想不出原因。好在，过了两三天后山涧里又充满了水，村民们不用担心生活问题了。但是，好景不长，过了没几天，山涧又没水了，时断时续的，让村民苦不堪言，都不知道到底什么地方出了问题。原来从没有出现过这种情况，最近也不知道到底是怎么了。

某天，龙儿又来找牛子玩，然后躺在石头上呼呼大睡，一睡就是四五天。等他睡醒了，看了看自己来时的道路，马上起身向牛子和牛子母亲告辞。原来他离开家已经很久了，再不回去的话就麻烦了，因此他很快就消失在了夜色中。正巧，牛子家里又没水了，牛子母亲又叫牛子去打水。可是，牛子刚到山涧，就看到了正在喝水的龙儿。看到这一幕，牛子马上跑了过去大喊道："龙儿，不要喝了！这山涧中的水都快被你喝光了！村民们没有水会渴死的！"

龙儿却笑道："渴死了又怎么样？我还好心好意给你们留了一点，不然你们早就渴死了。"牛子听后大怒，一把拽住了他："快把水还回来！"

龙儿道："就是不还！"

牛子怒道："那我就打死你，看你还不还！"

"打死我？做梦吧你！"龙儿怒喝一声，化作一条黑龙，挣脱了牛子的手后腾空而起，向着深山逃去。牛子也急了，一把拽住了黑龙的尾巴，想把它拽下来。可谁承想，牛子的力气实在太大，这一拽，居然把黑龙直接从半空拽了下来，摔在一块大石头上，就这样摔死了。

见到昔日好友惨死，牛子才反应过来自己有些冲动了，不禁后悔不已，不忍心待在这里，最后带着自己的母亲离开了。

黑龙死了，山涧再也不会干涸了。人们想要向牛子道谢，却发现牛子早已带着母亲离开，只留下了那块被黑龙砸过的石头，上边残留着黑龙鳞片的印记。为了纪念牛子，众人便在此地盖上了一座庙，并将这块石头称作"摔龙石"。

相思岭的传说

香山的北边有个相思岭，这个美丽的名字据说和一位同样美丽的姑娘有关。

这个传说发生在乾隆年间。

香山正蓝旗都统贺天成有一个名叫贺珍的女儿，芳龄十八，有天仙之貌。正因为此，不管是正蓝旗还是其他旗的年轻汉子都非常爱慕她，一一上门提亲，但是都被贺天成拒绝了。俗话说人往高处走水往低处流，贺天成也是如此，他打算让自己的女儿通过选妃进入皇宫，这样自己就能借此捞到好处，在仕途方面百尺竿头更进一步。

皇帝的选妃马上就要开始了，各方势力都在紧锣密鼓地筹备着，贺天成也不例外。他走南访北为女儿打通关系，为的就是能让自己的女儿有更大的机会被皇帝选上。然而，贺珍这几天的状况却不是很好，面黄肌瘦，茶不思饭不想，成天以泪洗面，总是一副心事重重的愁苦模样。

等到选妃这天，事情变得更加严重了。在贺天成将女儿送到城门口的时候打算再给女儿说几句话时，打开轿帘却发现自己的女儿已经昏迷过去了，没有办法，贺天成只得带着女儿离开，没有参与这一次的选妃。即便他已经给掌管选妃事宜的太监送了五百两银子，也只好让它们打了水漂。

其实贺珍内心已经有中意的男子了，正是正蓝旗某个大将的二儿子关德明。两年前，贺珍前往万花娘娘庙参拜，认识了这个年轻男子，他知书达理，面容英俊，很快就吸引了贺珍。同时，贺珍的美貌和温柔也打动了关德明，二人一见钟情，相见恨晚。

贺天成叫自己女儿选妃，却是让贺珍心痛不已，最终因为忧愁而病倒，过了半个月才逐渐有点好转。关德明也非常担心她，她便在痊愈后找到关德明相会，然而这一切却被贺天成发现了。看到这一幕的贺天成非常气愤，马上将贺珍带回了家，不让她踏出家门半步。

然而，贺珍并不甘心被困在家中，因此趁父亲上朝办事的时候悄悄逃离了家，去找关德明，然而当她到达关德明家时却听人说关德明已经到西北参军去了。听到这个消息后贺珍痛哭不已，马上跑到西山山顶，向北眺望，期待有一天关德明能够得胜归来。

事与愿违，她在这西山上一直等了两年，直等到山上的石头都被她的鞋底磨平，仍然没有等到关德明胜利归来，而是等到了一个噩耗：关德明在一次战斗中死在了战场上。

听到这个噩耗，贺珍悲痛欲绝，在西山那块石头下大哭三天三夜，最终跳下了悬崖。

为了纪念贺珍姑娘对爱情的舍命追求，人们便将她跳崖的地方称作相思岭。

香炉峰的传说

很久前，神州大地并不是完全统一的，北方是游牧民族建立的金王朝，南边是汉族建立的南宋。据说金王朝第六代皇帝金章宗是一个非常喜欢骑射、习武打猎的人，这次的故事就发生在金章宗时期。

某年秋天，金章宗带着部下前往张北地区打猎。虽然是秋天，但是气候却非常热，让人烦躁。章宗骑了好一阵子马，觉得有些口渴，便顺着大道前行，来到一个四合院，打算讨点水喝。

见到金章宗前来，一位老太急忙从屋中走出，沏上一壶好茶递给章宗。章宗一边喝茶一边察看着四合院的构造。这四合院非常整洁干净，收拾得井井有条。不仅如此，章宗还在院中发现了一位非常美丽的女子，正聚精会神地做着女红。章宗看得出了神，走的时候依然放不下她，便将她带到宫里去了。

这个姑娘名叫张秋娘，是老两口的宝贝，但在宫里却不是，一直被正宫欺凌欺辱。章宗非常心疼她，便在西山山脚下修建了一座行宫，让张秋娘搬到这里住。西山山脚之下的环境非常优美，所以章宗每年夏天都会到这里来看她，陪她散步散心。秋娘也非常喜欢这个安静的地方，每逢初一十五，她便到西山山顶焚香，遥望自己的故乡。

就这样，除了思乡之外，秋娘还算是无忧无虑，一直度过了十多年。

然而世事无常，不知为何，秋娘染上了重病，眼看是无法再活下去了。她死之前托太监给章宗带了个话，之后便要求他们将自己抬到山顶去。到达山顶之后，秋娘又像之前一样点燃了檀香，就在檀香缭绕的烟雾中，秋娘面对着自己的故乡，闭上了双眼。章宗将秋娘送回家乡安葬之后回到西山，忽然发现这座山峰竟然像极了焚香的香炉，因此将这座山称作“香炉峰”，纪念终日在西山焚香的秋娘。自此后，每当香炉峰上起雾飘云，人们仿佛能够在云雾缭绕中看到秋娘的身影。

满井

满井位于北京东土城附近，这口井和其他的井有很大区别，它的井身比地面高一截。这当然并不是它的特别之处，它的井水高度永远都和井口平齐，就算很多人来打水，它也很快“灌满自己”。因此，人们便将它称为“满井”。

这口满井的传说同样源自明朝时期。传说高亮扎破了苦水水篓，从这以后北京城的水就都是苦的了。不仅如此，由于高亮只扎破了一个水篓，北京城的水变得很稀少，北城以外甚至连年干旱，想要喝水难上加难，即便挖井，挖到很深的地方还是一滴水都没有。不甘心的人们挖了一口又一口，奈何还是没有任何作用，所有的井都是干的，一滴水都没有。

见此情景，百姓是苦不堪言。由于干旱，庄稼无法存活，人们也没有工作可以做，于是每到白天，人们就目不转睛地注视着天空，期盼能迎来一场甘霖。然而，和没有水的井一样，天空也同样干燥，盼来盼去，露水都见不到一滴。

这一天，人们仍然像往常一样，一大早就起来到田地里拜天求雨。就在人们到达田地里的时候，忽然发现从远处走来了一个留着黑色胡子的老汉。这个老汉看起来挺有精神，就是不停地自言自语，像是在和谁置气一样。人们有些疑惑，于是就有个年轻人问道：“大爷，怎么看您这么气愤啊？生得什么气啊？”

然而，他刚说完，旁边一个白胡子老头便拉了他一把，苦笑道：“你还问人家呢，咱们自己都气得不行了。”听到老头的话，小伙子也叹了口气，道：“有道理。我们这事情还办不好呢……唉。”

听到这几个人唉声叹气，本来自言自语的老汉便纳闷了，走过来问老头：“老兄，怎么回事啊？你们这么多人都在发愁吗？为什么要聚在一块发愁呢？”

老头本来非常愁苦，被老汉这么一问，老头倒乐了：“这老弟怎么说话的呢？我们这里的事情可麻烦着呢。这里已经很久没有挖出过水了，打了无数口井，都是干的，这天也不下雨，可不愁人吗！”听到老头的话，老汉也笑了：“哦，原来是这么回事啊！快过来快过来，我跟你们说一件事。”

人们听到这句话后，重新又燃起了希望，马上就问老汉到底要说什么。

老汉说：“你们不是说我一路上都生闷气吗？告诉你们，我生气的是我家里那老兄。我们家世代给人治井，这次听说了这里有一片地非常干旱，便打算到这里来帮忙。然而，我们路上经过一座庙，我那老兄在庙里遇到了一个爱下棋的道士，于是我老兄就跟人下上了，我怎么叫也不走。我叫他赶紧走，他竟然跟我说‘来一盘？’，你说这气不气人？没办法，我就自己来了。”

人们一听都哈哈大笑，忙求老汉帮忙治井。

老汉说道：“好，带我去看看吧！”

人们马上带着他走到了一口井边上。老汉看了看这口井后说道：“你们还是技术不过关，我跟你们说，你们这地底下全都是水，只是你们还没挖到而已。”说完后，老汉扛起铁锹，在井底挖了两铲子，就发现土壤已经微微变湿了。老汉马上从井里出来，又用长柄铁锹挖了两下。忽然，一道水柱冲了上来。

见到久违的水，人们都兴奋得跳了起来：“出水了，出水了！”

不过和乡亲们的兴奋不同，老汉却愁眉苦脸起来，说道：“不好了，挖到海眼了！”

人们一愣，这才发现这井里的水的确有些过多了，不仅灌满了整口井，还漫了出来，眼看就要流成一条小河了。就在这时，远处忽然传来一句叫喊：“老二！你又瞎折腾！”声音刚落，人们就见一个白胡子老汉背着一口大铁锅跑过来了：“叫你等等我，你偏不听，现在好了，还得我来收拾！”

只见他冲到井边，将自己背着的大铁锅扔进了井里，向下这么一盖。

说来也怪，他盖上这大铁锅之后，井里的水就不再外溢了，而是和井口平齐，正好处在不会溢出来的状态。看到这样的结果，白胡子老汉才松了一口气，说道：“乡亲们尽管用这井里的水，不管怎么用，井水都会和井口相平。”

这件事之后，这里就出现了一口永远满着的井，人们将其称作“满井”。据说满井的井底不是凹下去的，也不是平的，而是凸起来的，正是当初白胡子老汉的那口大铁锅。

西便群羊的传说

西便门外就是北京的护城河，河边上放着一大堆白色石块，远远看去就像是在这里放牧吃草的羊，因此，人们便将这一“景观”称为西便群羊。不过，这些白色石块到底是从哪里来的呢？是什么时候出现在这里的呢？

虽然不比什么“六朝古都”，但是北京也算是历史文化名城了，从金朝开始就非常繁荣。在当时，北京共有“八景”，这八景在清朝时期正式确立了下来，分别为：金台夕照、太液秋风、琼岛春阴、蓟门烟树、玉泉趵突、居庸叠翠、西山晴雪、卢沟晓月。但是，人们总是觉得这几个景观不足以展现北京的全部风貌，因此便有了“十景”“后燕京八景”等说法，最后，有人甚至认为这西便群羊也是一景。

传说这西便群羊的出现和鲁班的关系非常密切。众所周知，鲁班是一个非常厉害的能工巧匠，门下徒弟数不胜数，其中有一个叫赵喜的，这次的故事就与鲁班以及这个赵喜有关。传说有一天，鲁班带着赵喜和自己的儿子来到了幽州。幽州这里正在紧锣密鼓筹备建造城墙，然而，这修建城墙的白玉石却迟迟没有找到，修建海墁的豆渣石同样没有找到，这两样东西没有，城墙就不可能建得起来，所以这监工大臣每天都忧心忡忡。

看到监工大臣有难，鲁班便决定出手相助，带着赵喜和儿子在城外四处查看，寻找能用的白玉石和豆渣石。就这样，看过了一处又一处地方，鲁班终于在位于北京西南边的琉璃河停了下来，说道：“不用再找了。看这河边上这么多豆渣石，那河里肯定有我们需要的白玉石。”

听到鲁班的话，他的儿子马上笑了起来，说道：“就算有，也是和上边一样的豆渣石，白玉石怎么可能出现在河底呢？”赵喜也点了点头，表示赞同。

听到二人的话，鲁班笑道：“你们两个不要用一贯的思维来想，现在我给你们演示一下，让你们看看到底是你们说得对还是我说得对。”说完之后，鲁班马上冲着河水大叫道：“喂，下边有白家人吗？快醒醒，别睡了！”然而，河底并没有什么动静。

赵喜和鲁班的儿子都哈哈大笑起来，鲁班马上制止了他们两个：“哎，别笑太早，接着看哪。”果然不出鲁班所料，又过了片刻，河底忽然传来了声音：“有人，有人！”听到河底居然有人说话，赵喜和鲁班的儿子都愣了，这实在太诡异了！

鲁班等二人感叹一番后说道：“现在我们找到了豆渣石和白玉石，下一步就是要把它们运回去了。”赵喜听后说道：“既然如此，就让师兄运豆渣石吧，我来运白玉石。豆渣石更重要一些，师兄理应获得更多的功劳。”“好！”鲁班点了点头，马上说，“你们一定要互相帮忙，功劳两个人都会有！”

见二人点头，鲁班才继续说：“我会将这些豆渣石变成牛，将白玉石变成羊，这样你们就可以非常轻松地驱使它们。不过有一点要注意，一定要在这一晚将它们运到北京，我的法力只能维持一夜，到了白天就再也不灵了。切记，切记！”

三人吃过晚饭，天色也已经暗淡，定更的梆子声也传了过来。鲁班马上对豆渣石和白玉石说道：“各位受累，随我的徒弟和儿子去北京吧！到了北京，修了长城，各位定是扬名万年。”听了鲁班的话，这些石头心里就嘀咕开了，扬名？都做了城墙了，还怎么扬名？但是既然是鲁班发话了，它们也不敢不听，只好乖乖变成了牛羊，来到了鲁班面前。

鲁班马上说道：“很好，现在牛跟我徒弟走，羊跟我儿子走，去吧！”

安排好一切事宜之后，鲁班的儿子和赵喜便都出发了。

赵喜并不是什么好人，他心里不停地打着小算盘。这一次，虽然他将功劳更大的差事送了出去，但是自己却憋着坏主意。他认为牛的速度一定比羊快，自己应该能先到，功劳的大头还是自己。不仅如此，他还想了一个损招，打算让鲁班的儿子出出丑。

事情果然如赵喜所料，牛的速度的确比羊快，三更天还没到他就已经驱赶着豆渣石赶到了北京。然而，鲁班的儿子仍然在路上前进着，快到四更的时候，他也隐约看到了北京城。然而，就在这时，忽然从不知哪里传来了一阵鸡叫。这一下可坏了事，听到这一声鸡叫，附近村子的鸡都开始叫，这些羊便以为天亮了，因此马上就变回了白玉石，一动不动了，鲁班的法力也消失了。

原来这赵喜运送完豆渣石之后便躲了起来，见鲁班的儿子过来，就学了一声鸡叫，目的是给鲁班的儿子弄点小麻烦。然而，他这么一学鸡叫，旁边村子里的鸡都跟着叫了起来，也就造成了现在这个后果。

后来，人们在白玉石停下的地方修建起了西便门，由于这些石头看上去和羊非常相似，人们便将这一大群石头称为“西便群羊”。

北京护城河老照片

倒影庙的传说

其实，倒影庙这个名字只是慈慧寺的别称，然而倒影庙这个名字比慈慧寺这个名字要出名得多，甚至几岁的小孩子都听说过。当然，它并不是浪得虚名，它之所以叫这个名字，是因为一件怪事。其实在现在看来，这并非是一件怪事，但在当时，科学技术尚不发达，导致人们都认为它是怪事。

这件怪事是这样的：

慈慧寺的后殿大门有一个洞，这个洞的来历人们都不清楚，不过这个洞的名头很大。因为如果有人从小孔后边经过，人向右走，里边的影子就会向左走，不仅如此，人都是头朝上脚朝下走路的，但是影子却是脚朝上头朝下走路。这让人们惊讶不已，因此就管它叫倒影庙。

这个怪事的来源据说可以追溯到慈慧寺初建的时期。在它还没有建成时，这块地方的北面有一个专门埋葬宫女的墓群，称为“静乐堂”，又叫“宫人斜”。皇上自然知道这些宫女为什么会死，于是便打算玩一手“把戏”，让她们烦心事少一点，一心一意侍奉自己，因此便找宰相来，看他有什么办法。

这个宰相聪明是聪明，但也坏透了，他马上就想到了法子，在宫人斜的后边盖了一座庙，并在门上挖了一个小洞，说人能从这个小洞中发现自己的命运。这一天，又有一个宫女死了，于是众人便前往宫人斜，把这个宫女埋葬了。埋完宫女之后，领队的老妈妈说道：“我看你们很长时间也不出来玩，今天就带你们到那边那座庙看看吧。”

宫女们听到这个消息后自然是欣喜若狂，马上就跟着去看了。

等到了那个带着小洞的门口，发现这大门已经锁上了。于是没办法，老妈妈说道：“咱们似乎进不去了，那就从这个小洞看看吧。听说人们能从这个小洞中看到自己未来的命运呢。”

听到老妈妈的话，宫女们马上就过去看，却发现里边的人影是反的，头朝下，腿朝上，并且自己向西，它却向东。宫女们非常疑惑地问道：“为什么里边的影子都是相反的呢？我们向西，它为什么向东呢？”

老妈妈笑道：“你们命不好呗。命不好的人影子才是倒着走的，暗示自己的经历会和自己的想象背道而驰，没办法，只能认命了，好好伺候皇上吧。”说完后，又带着宫女们回宫了。

后来，中国已经不再有皇帝了，宫人斜也就荒废了，只剩下了这个被称作“倒影庙”的古迹。

挪钟

北京有一座觉生寺，因为寺里有一口非常大的钟，因此又叫大钟寺。据说这口钟足有八万七千斤，但是这口钟实在太大了，所以也没人去称量它。由于这口非常出名的大钟，人们便将这觉生寺叫大钟寺了。

这口大钟并不是在这觉生寺中铸造而成的，而是从别的地方运来的。可想而知当时的情景有多么壮观，一定有很多人来搬运它。不过，和现实相对的，民间还流传着一个关于这口大钟的传说。

这个传说说的是明朝永乐年间，朱棣夺得皇位之后为了防止地方上造反，就打算派姚广孝将老百姓的刀枪剑戟等兵器全部收缴，铸成一口八万七千斤的大钟，并且在钟身雕刻《华严经》，这样一来，百姓听到这口大钟的声音，就不会再造反了。

然而，这口钟铸造完毕后不知为何却沉到了西直门外那条河的河底，别说朱棣了，最后到了清朝，又过了一百多年，也还是没能把它捞起来。同样，因为时间过于久远，人们甚至都已经将这件事忘了个一干二净。

最后，清朝的皇帝不知从哪条渠道得知了此事，便想把它捞上来，挂在五里外的觉生寺。由于水有浮力，所以将这口钟捞上来的时候虽然花了很大力气，但还是成功了，只是要搬运到觉生寺就非常困难了。

于是，这口钟夏天的时候被捞了上来，然而秋天都快过了，还是没有想出来搬运它的主意。皇上见事情一直拖着也不是个事，就一直催监工大臣，这监工大臣也烦啊，就催自己手下的工匠，这些工匠也没有办法，又没有办法去催别人，只能生闷气。这一天，已经是九月，秋雨绵绵，让工匠们更烦躁了，于是就在工棚里喝酒解闷。

这工棚并不是什么好地方，顶上密封不牢固，属于外边下大雨，里边下小雨的那种类型。就在工头打算喝一杯的时候，忽然就有雨水滴进了酒杯里，让他本就烦躁的心情雪上加霜，气得他把酒杯一下子杵在了桌子上。

就在这时，旁边有个工匠急忙说道："别着急别着急，下雨了桌子上滑得很，酒杯滑出去就不好了。"听到他的话，旁边一个工匠忽然灵光一闪，大叫了起来："对呀！我想到一个主意了！咱们搬不动大钟，可是能推它呀，只需要在大钟下边挖一条一二尺深的小河，等冬天水结了冰，咱们就能把大钟在冰上推过去了！"

听到这个消息后大家马上动工，刚好在冬天来临时挖好了河沟，将这口大钟推到了觉生寺。好多人都说提醒了众人的那个工匠正是鲁班，是下凡帮助自己的弟子来了。

大钟寺里的永乐大钟

八里长桥不免桅

京杭大运河可以说是中国境内最大最长的运河了，能从北京一路通到杭州。这京杭大运河开头那段河比较浅，比较窄，水也比较缓，船只想要在这里航行非常困难，不仅如此，通州城西那一边还有一座并不算高的“八里桥”，因此，从外运河过来的带有桅杆的粮船很难通过这里。

但是，皇帝执意要在这一段开通水路运送粮食，并且还说“八里长桥不免桅”，意思就是说船只在通过八里桥的时候都不能卸掉桅杆，非得要让船只在不经过任何改造的情况下在这里畅通无阻。皇帝并不明白这样会给人们带来多大的困扰，只知道下圣旨，别的不管，这可苦了船夫们，如果不照着圣旨做，这粮船是过去了，自己这一辈子估计也过去了；如果自己还想活着，那粮船就过不去。

没有办法，船夫们只好请了一众工匠，合伙商议办法。

有人说：“你说能不能把粮船缩小一点，这样一来桅杆也会减小，估计就能通过八里桥了。”这个主意虽然会让粮船装的粮食大大减少，但起码也是个办法，因此人们便去观察了一番。然而，观察过后，人们否定了这个方法，除非将船缩到非常小，不然的话依旧无法通过八里桥，但这样一来，本来一艘船就能运完的粮食却要很多很多艘才行，比原先还要麻烦。

这时，又有人说：“既然船是在水上浮着的，那么在我们经过八里桥的时候放一些水，船不就会下沉一些吗，应该就能通过八里桥了。”听到他的提议，大伙都觉得有道理，又再次前去观察八里桥外的情况。然而这一查，大伙头上就又被泼了一盆凉水。前边已经提到，这里运河水比外运河浅得多，将水降到很浅，船只上边是没问题了，下边又不行。

就这样，时间一点点过去，转眼就到了两个月后，马上就是运粮的旺季了。运粮旺季到来，人们都应该是高高兴兴的，但是监工大臣、船夫以及工匠们却并不高兴。眼看着运粮期将近，如果再不想出办法来，他们的命估计也到头了。

这一天，监工大臣召集了所有的船夫和工匠，说道："咱们只有一个月的期限可以准备了，希望我们能在这一个月内想出好点子，不然咱们都要完蛋。"没办法，众人只好一同商议办法，每个人都在冥思苦想。过了很长时间，终于有个人坐不住了，说道："唉，太难想了，烦死了！窝着一肚子火，不如先吃一顿凉饸饹，败败火！"听到他的提议，工匠和船夫们马上附和说："对对，先吃一顿再说！横竖都是死，怎么也别窝着一肚子火死。"

听到人们这样说，管饭的小伙马上笑道："好，我去给大家轧饸饹。这么多人，我一个人可忙不过来，你们在边上帮忙吧！"

于是，在众人的帮助下，小伙马上就将面团放进了工具里，一抬轧杆，一落轧杆，一大锅饸饹就轧了出来。众人急忙分着吃了，忘却了所有的烦恼。看着众人高兴的样子，小伙也非常高兴，一边轧一边唱了起来。

就在这时，有个工匠忽然听到这小伙唱的小曲中有一句"轧杆立起又落下"，不禁来了灵感，忽然大叫道："各位，停一下！刚才这小伙唱'轧杆立起又落下'这一句了，我认为可以从这方面入手解决问题。船只经过八里桥的时候只需要把桅杆放倒，过了八里桥再立起来就行了！"众人一听，皆是恍然大悟。

得到了这个启示，众人吃过饸饹之后马上开始干活，将船上的桅杆进行了改造，终于解决了难题。

然而，众人解决问题之后想回过头来找那个小伙感谢一番，却发现小伙已经不见了踪影。这时人们才想到这个小伙或许正是鲁班的化身，是来帮助工匠们的。

断虹桥的石猴

故宫武英殿东侧有一座断虹桥，这座桥的栏杆上雕刻着很多石猴。这些石猴形态不一，生动活泼，惟妙惟肖，见到它们的人都会将雕刻者夸赞一番。在这些石猴中，有一只石猴的左手拿着一把瓢，右手拽着自己的衣服裙角，显得异常诡异，异常滑稽。当然，这并不是它最奇怪的地方：每当皇帝从这只石猴旁边经过，太监们总会在这只石猴上套一层黄布，把它盖住。

对此，太监们的说法也不一而同，有的说是这只石猴的样子太诡异，害怕让皇帝受到惊吓。还有的说这只石猴还牵扯到了一个故事，之前的某位皇帝在这只石猴附近不小心将自己的一个儿子踢死了，这让这位皇帝心痛不已，想到这件事就难过，没有办法，太监们只好在皇帝走过这座桥的时候在那只石猴上套一层黄布，这样就能让皇帝看不到它，皇帝也就不会心痛了。

除了这两种说法，还有一个传说，相对而言就比较复杂了。它是这么说的：

说有这么一位皇帝，他最宠爱的妃子经常来到断虹桥附近的宫殿沐浴，每一次都是大阵仗，宫女、太监前呼后拥，将她送到沐浴的大殿中后再去配房等候。皇帝的爱妃每天都来沐浴，也并没有觉得哪里不对，因此就对皇帝说自己以后都会到这里沐浴，皇帝自然同意了，允许她每天来这里。

然而，就这样过了一天又一天，这位妃子却觉得事情有些不对了。她沐浴的这座宫殿窗户都是琉璃制作的，因此每当她沐浴的时候，太监们就会将窗户全部挡起来。但是，这妃子最近几天沐浴，都能在窗户上看到一个模模糊糊的黑色影子。这个发现让她大惊失色，急忙打开窗户查看，却什么都看不到。一连几天，她被这黑影折腾得疑神疑鬼，终于无法忍受

了，在见到黑影之后，她又气又急地将自己舀水的玉瓢扔向了那个黑影。

于是，琉璃破碎的声音响起，那个黑影果然不见了。宫女和太监们听到响声后不禁吓得魂都没了，马上跑过来查看，这才知道原来窗户上有个小小的黑影，这位爱妃刚才将玉瓢扔出去打这黑影，这才将琉璃弄碎了。

众人马上在附近寻找玉瓢，却怎么也没发现，直到人们看到了那只石猴，这才在它手里发现了这把玉瓢，然而，这玉瓢被石猴死死攥在爪子里，无论如何也抽不出来了。没办法，众人只好去禀报给这位爱妃。

她在听说这件事之后非常着急，马上就让宫女、太监们想想法子。虽然这玉瓢是石猴偷了去，但是这也怪众人看守不严，被皇帝知道了，后果不堪设想。没办法，太监们只好在皇帝经过那只石猴的时候在它上边盖上一层黄布，让皇帝看不到那玉瓢，自然也就不会追究此事了。

正因为此，这桥上才有了这样一只滑稽的石猴。

断虹桥

神路街

其实这神路街的传说，说白了就是与恶势力进行斗争的故事。

明朝末期，清军入关，正黄旗中有一猛将，这位都统剑法了得，前线冲杀中曾经斩获数十名明朝将领的首级。正是因为他战功赫赫，清朝入关以来的第一位皇帝顺治便封了他一个“一等伯”的头衔，并赐黄马褂。然而，这位猛将击溃明军后，自己的暴戾习气却没有任何改观，目无法纪，暴行累累，公然抢夺良家妇女，让百姓苦不堪言。

武林中人向来不管朝廷更替的事情，但一等伯此举却引来了整个武林的仇恨，众多武林豪杰不断潜入一等伯府打算刺杀他，为民除害，还天下一个安宁。然而这一等伯并非等闲之辈，剑法高强，前去刺杀的豪杰居然都死在了他的剑下，因为这些事情，他也变得更加猖狂，总觉得自己已经无人可管，不知悔改，反而变本加厉地实施自己的暴行。

然而，武林豪杰们没有畏惧，仍然有各路高手前去刺杀。

这一天，一个身穿黑衣的少年侠客悄悄溜进了一等伯府，在窗外隐约听到一等伯想要对妇女做出不良之事，气愤之下，黑衣少年一脚踹开了窗子跳了进来，手中长刀直指一等伯面门。

一等伯对这些刺杀之事已经习以为常，一个贴地后仰躲过了黑衣少年的长刀，转手就抽出了自己的宝剑，和黑衣少年厮杀在一起，从屋内一直斗到大院之中。一些巡逻的士兵发现了黑衣少年，便想过来相助一等伯擒拿刺客，然而，他们刚到近前，就被黑衣少年毫不留情地斩杀在了当场，再难寸进。没有办法，他们只好在一边看着，等待一等伯亲手将其擒获。

就在这明亮的月色下，二人大战数百回合，仍然不分胜负。就在众人心急如焚的时刻，黑衣少年忽然长刀斜掠，一刀斩向一等伯腰间。一等伯挥剑相迎，本来能够准确刺中黑衣少年的心脏，但是却因为黑衣少年长刀反射的刺眼月光而出现了偏差，仅仅是捅穿了黑衣少年的肩膀。和黑衣少年相比，他就没有那么好运了，直接被黑衣少年斩成了两段。

见一等伯已死，黑衣少年冷哼一声，跳到墙头上，眨眼间便没了踪迹。

官兵们这才反应过来，急忙出去追，可是却已经不见了那黑衣少年，只在街道的墙壁上发现了一行可怕的血脚印以及七个血字，在如水的月色中显得阴森无比："行恶者，自绝于人。"见到墙上的血脚印以及血字后，众官兵均大骇，两股战战。

一等伯死亡的消息马上传遍了大街小巷。调查清楚了事件的经过，顺治也知这一等伯作恶多端，落得此等下场实是咎由自取，因此将当日黑衣少年踏血而去的街道称为"神路街"，以此警示清朝的为官者。

西山晴雪

众所周知，乾隆皇帝是一个闲不住的人，虽然他在位60年功绩确实不小，但他依然是一个“闲人”，喜欢游山玩水，微服私访已经成了家常便饭。不仅如此，他还偏爱书法，每到一处，经常留下一些墨宝，题个字啊，写首诗啊之类的，已经多到泛滥的程度了。据说乾隆一生作诗无数，几乎到了每一天都能“产出”好几首的地步，但是真正流传下来的却没多少。不仅如此，民间还有俗语说“乾隆爷的字儿，不值一个子儿”，意思是说他的字不值几个钱。人们都知道物以稀为贵的道理，这乾隆的题字早已泛滥，自然也就不值钱了。

北京西郊有座香山，香山上有个静宜园，这里每到冬天都是大雪封山，白茫茫的一片，非常美丽，因此便被列为“燕京八景”其中之一。这一景原本称为“西山积雪”，却被乾隆改成了“西山晴雪”。这个故事说的就是乾隆改这一景名字的故事。

某年的二月初八，乾隆退朝后发现天正下雪，因此忽然来了兴致，想到了静宜园的雪景，便带着几个大臣跑到西山游玩去了。这里不愧是著名的“燕京八景”，在大雪的映衬下，这里的景色让人心旷神怡，乾隆非常高兴，在这里散步，左看右看。

就在这时，刘墉忽然想和乾隆开个玩笑，于是就笑道：“万岁，您可知此地这一景叫什么名字啊？”乾隆马上回答：“当然知道，著名的西山积雪嘛。”“臣以为，这西山积雪的名字似乎有些不雅。”刘墉说道，“万岁您看，所有的雪都可以叫积雪，那西山的积雪，它有什么不同呢？”

乾隆一听，觉得此话有理，于是说道：“那刘爱卿认为该换一个什么样的名字呢？”

刘墉本来就是跟乾隆开玩笑的，自己怎么能说呢，于是急忙说道：

“还请万岁龙意天裁。”意思是说您自己想，别找我。

乾隆苦思冥想，想叫“西山春雪”，又觉得哪里不对，但也没有别的好名字，只好摆驾回宫了。刘墉这一番话让乾隆非常苦闷，他始终想不出什么好名字来。他经常自诩才华出众，如果连个名字都想不出来的话，真是丢人丢到家了。于是第二天，他又上山看了一遍，把名字改成了“西山瑞雪”。不过，这个名字也不怎么样。

过了一段时间，转眼到了三月，他还是没能想到什么好名字，索性就先不想，叫上纪晓岚和刘墉两个人一同去香山踏青了。就在三人路过万寿山的时候，忽然发现四周山花烂漫，随风飞舞，不禁来了兴致，前往半山亭赏花。就在这时，乾隆又想到了之前的事情，于是便把“西山积雪”改名的事情说了。纪晓岚听后说道：“万岁，臣听说这里的花瓣大多是杏花，杏花洁白，人们便用‘西山霁雪’来赞美这飞舞的杏花。”

乾隆点了点头，正巧看见此时这些杏花在阳光下显得美丽非凡，因此便说：“不如这雪景就改叫‘西山晴雪’吧！冬日雪花飞舞，天空刚刚放晴的时候才是游玩的最好时机。”听到乾隆改的这个名字，刘墉和纪晓岚都点了点头，表示这名字的确不错。

刘墉说道：“万岁，既然您想出了名字，那就题一幅字如何？”

乾隆此刻正在兴头上，马上就笑道：“好！”

说完后他便叫了笔墨来，为了让自己的字流传千古，他在一块大石上写下了“西山晴雪”四个字，还写了一首诗：“银屏重叠堪虚明，朗朗峰头对帝京。万壑晶光迎晓月，千林琼屑映朝晴。”

郑王坟的来历

丰台十八村东头有个郑王坟，规模宏大，气势非凡，松柏成林，石碑、享殿也是应有尽有。不过诡异的是，虽然这郑王坟内并没有人，但却时不时发出叮当的响声，就像是在敲打金子一般，让人毛骨悚然。有人说这里埋葬的是顺治皇帝的大哥老憨王，还有人说这里的确是老憨王的坟墓，不过只是其中之一，因为老憨王一共有四座坟墓。

其实，这几种说法都是对的，因为老憨王真的有四座坟墓。关于这一点，在民间还流传着一个传说，这个传说中处处都透着诡异。

据说，老憨王的性格和他的这个名头相配，非常憨。他逢人就说自己是兄弟中最大的一个，理应继承皇位，并且还说只要他不死，皇位就一定是他的。然而，第一件诡异的事情发生了，他刚说完这话没两天就死了，不仅如此，他的脑袋也不见了。

老憨王的兄弟们本来也是打算争一争皇位的，但看现在发生了这样诡异的事情，谁也不敢再争，顺治就顺理成章做了皇帝。由于老憨王的脑袋不见了，顺治只好按照自己的记忆给他安排了一个金脑袋。不过，有了金脑袋，就怕盗墓贼，万一有个盗墓的把他的脑袋拿了去可就糟了，因此顺治想了一个法子，同一天举办四场葬礼，四队人数相等的人马带着四口一模一样的棺材分别在四个城门出殡，就连仪仗以及棺材最后埋入的陵墓都一模一样。

于是，这第二件诡异的事情出现了，老憨王只有一个，但是在每座陵墓里，晚上都能听到叮叮当当敲打金属的声音。

目前为止，人们仍然不知道老憨王的脑袋到底是不是金子做的，他又到底葬在了哪个陵墓里。

香山的传说

香山的原名到底是什么人们已经无法回忆起来了，只知道那座山上有满山的杏树，或许是叫“杏花山”吧。每到春天，整座山上就会被清淡的杏花香味重重包裹，再加上那漫山遍野的杏花，实在是游玩的好去处。但是，要说的这个故事发生在更久之前，发生在这里还没有满山杏树的时候。

在山底的一个小山坳内有一栋小房子，一个姓王的石匠住在这里，靠采石为生。但是有一天，他在采石的时候脚底打滑，不慎从悬崖跌了下去。好在有一位得道高僧从山崖下经过这里，把他接住了，这才让他免于一死。王石匠本来以为自己要完蛋了，却不想这位高僧伸出援手，急忙向高僧道谢。高僧安慰了他一番，从自己的衣袋中取出了一把山杏，递给了王石匠，陪着他聊了一会儿，缓解了王石匠紧张的心情，快到晚上才离开。

十多天后，王石匠又来到了当日的山坡上。高僧送他的山杏已经吃完了，但是为了表达对高僧出手相救的感恩，他将那些杏核全部留了下来，并将它们种在了这光秃秃的山坡上。

这本来不是什么奇怪的事情，但是他刚刚回到家里，原本晴空万里的山区马上就乌云密布，下起了大雨。这一点让王石匠感觉有些疑惑，第二天便动身前往山坡，查看自己种下的杏核。当他看到眼前的景象后不禁惊呆了，那位得道高僧果然不是凡人，昨天才种下的杏核，今天居然已经发芽，长成了杏树苗。虽然只有一尺多高，但是这也已经称得上是奇迹了。

王石匠非常高兴，天天来这里给杏树浇水、修剪，盼望着它们快些长大，蔓延到漫山遍野。

第二年，由于这种奇怪杏树的生长非常迅速，整个山坡已经全是杏树了，春天的时候杏花遍野，香气扑鼻。王石匠摘了成熟的山杏去山下卖，周而复始，自己也小有积蓄，还在山下娶了一个非常漂亮贤惠的妻子。

几年后，王石匠带着女儿在山上干活，忽然看到了远处走来了一位老者。他急忙跑了过去，对这位老者拜了一拜。原来，这位老者正是当年救他并赠送给他山杏的得道高僧。高僧仔细看了看王石匠，这才想起当年的事来。

看到原本光秃秃的山坡如今杏花烂漫，高僧非常欣慰，便给这座山起了一个“杏花山”的名字。王石匠自然欣然同意。高僧认为此处风景很美，便请了几位工匠，将自己的寺院搬到了这里，取名“杏园寺”。

打这起，这里就被人们称作杏花山了。由于春天漫山遍野都是盛开的杏花，香气袭人，因此人们又将这里称作“香山”。

四眼井

老北京的人都知道皇宫里的饮用水都是取自玉泉山的，宫里每天都要派拉水车出西直门前往玉泉山，拉上水后再从西直门原路返回，因此西直门附近的百姓只要听见车轮的声音，就知道准是皇宫又派人打水去了。然而有一天，百姓们只听到了马车出去的声音，直到城门快要关闭，还是没有听见马车回来的声音。

原来，前去打水的差役喝了不少酒，一路迷迷糊糊的，肯定走不快，因此回来晚了。城门的看守已经等了他很久，忽然见到他一副醉醺醺的模样，马上就叫道："老头儿，你是不是又喝酒了？下次注意点吧，回来晚了宫里人可饶不了你！"说完这句话，他这才放心地关上了城门。

送水的差役迷迷糊糊地回了一声，便驱赶着马车继续前进。刚进城门的路面非常崎岖，后来才越来越平坦。但是这差役却忽然感觉到马车的行进速度变快了，想来是马车轻了不少，这一下他便疑惑了，急忙起身查看。

这一查不要紧，他的酒劲瞬间去了三分，原来由于刚进城时路面颠簸，出水口没有封好，这一车水只剩下一小半了。这差役当时就蒙了，如果原路返回，城门已经关闭，就算城门不关，来回往返，自己明天才能回来，那样事情只会更糟糕。没办法，他只好大着胆子将马车拉到了城门不远处的水井旁，用这里的井水将缺掉的水补满了。

然而，慈禧太后并没有发现水里的异常，看起来这掺了井水的水和玉泉山的水味道没有太大差别。

经过这件事，这个差役的胆子更大了，每天回来都看看少了多少水，然后用这口井的井水填补。但是，世上没有不透风的墙，人们最终还是知道了这个秘密：慈禧太后经常喝这口井里的水。于是，人们便经常来这里打水，都要尝尝太后喝的水到底是什么味道。

这口井不出意外地出了名，人们都到这里来打水，渐渐就觉得一口井有些不够了。但是如果另开一口井，又不能满足人们对太后使用过的井的好奇，因此人们找来了工匠将井扩大了一圈，然后在井口上方打了一块有四个洞口的石板，这样一来，人们就能从这四个洞口下木桶取水了。也正是因为此，这口井被人们称作“四眼井”。

四眼井老照片

寿龟与铜牛

从佛香阁赏看昆明湖，就能发现一幅非常奇特的景象：龙王庙所在的圆形小岛以及那十七孔桥和八方亭连在一起后，居然非常像一只游水的巨龟。关于这只“巨龟”，还有一个有趣的传说。

据说颐和园建造完毕之后不久，就到了慈禧太后生辰，因此她打算在新建的园中举办这场寿宴。于是，在自己生辰的前几天，慈禧太后自己也开始做准备，并让自己的亲信太监李莲英前往颐和园查看寿宴的准备进度。李莲英来到颐和园后，马上就被这里的人间仙境折服了，亭台楼阁，花鸟虫鱼，总是能相得益彰，让人心旷神怡。但是，他在看到昆明湖的时候却觉得非常遗憾，因为昆明湖还不能算是湖，这里并没有放水。李莲英马上让人们将玉泉山的水引到这里，注入昆明湖。这昆明湖的确大，众人一刻不停用玉泉山水灌了一天，才刚好将昆明湖灌满。

李莲英看着现在的颐和园，不禁点了点头，让人开始准备寿宴的用品，点上所有晚灯。李莲英非常中意这个圆子的布局，正在灯火辉煌中和随从谈论寿宴的事宜，却忽然感觉后脊一阵发凉。他立马觉得不对，回头看去，就发现原本平静的昆明湖变得波涛汹涌，地面也震颤不已，原来那“寿海”里的巨大乌龟爬了出来，正在游向岸边。这只乌龟的脖子有十七个节，身体非常巨大，如果真让它上了岸，这寿宴恐怕就会毁于一旦。

李莲英大惊失色，急忙商议对策制止这只乌龟，但时间紧迫，根本想不出什么好法子。李莲英运气不错，正巧这时，园外六郎庄有人回来晚了，拉车的黄牛已经劳累不堪，经过颐和园的时候嘶叫了一声。

乌龟这种生物非常害怕牛叫或者驴叫，所以它听见这黄牛的嘶叫后吓得不轻，脖子一伸，一动不动了。过了一会儿，李莲英等人见它彻底不再移动，这才放下心来。不过，谁也不知道它何时会再造次，因此李莲英命人铸了一只铜牛摆在湖边，上边刻“镇海神牛”四个大字。正是因为这铜牛的镇守，这巨龟便再也无法动弹了。

然而慈禧太后永远是疑神疑鬼的，她还是不放心，便在巨龟背上修建起了龙王庙，这下这只乌龟就永远别想翻身了，因为有龙王在上边镇压呢。

颐和园铜牛

钓鱼台的传说

钓鱼台的传说，和周朝时期的姜子牙有关。

周武王灭掉了商朝之后，便将齐地封给了立下大功的姜子牙，让他去做齐国的国君。然而，姜子牙对此有所不满。虽然他被封了侯，住在齐地，但是他一心只想着自己的妹妹。他的妹妹样貌美丽动人，但是在打仗的时候下手却毫不留情，因此这仗打完了，她也自知罪孽深重，便到北边的幽州隐居去了，正是妙峰山上的碧霞元君娘娘。

于是姜子牙最终还是离开了齐地，一路跋涉，终于来到了幽州和妹妹会合，并在今天玉渊潭附近的地方住了下来，每天都和妹妹谈天说地，欢声笑语。有时兴致来了，便一起拿起鱼竿跑到玉渊潭垂钓，一钓就是一整天。

这姜子牙和妹妹是舒坦了，玉渊潭里的龙王却坐不住了。这两个人垂钓技术了得，还每天都来，弄得整片潭水的鱼虾密度大减。龙王把这事看在眼里急在心里，如果不出面解决此事，恐怕过不了多久，这俩人就会把玉渊潭的鱼虾钓干净了。作为龙王，它自然是要吃饭的，没有了这些鱼虾它就要饿肚子了，因此打算治治这两个人。

姜子牙和妹妹并不知道此事，仍然每天来垂钓。可是有一天，他们正坐在大堤钓鱼，这潭水却不知怎的越涨越高，漫了上来，将大堤淹没了。没有办法，姜子牙只好和妹妹离开。最开始姜子牙并没在意这件事，认为这只不过是天气等特殊原因而已，但是他们每天来垂钓都会发生这种情况，这就让他产生了疑惑。他马上算了一算，发现原来这玉渊潭中有一龙王，这些事情都是它捣的鬼。

得知此事后姜子牙冷笑三声，心道：“你想赶走我，我还偏不让你得逞了。小小龙王，看我怎么收拾你。”他回去之后马上把这件事跟妹妹说了，于是二人商量了一个报复计划。在实行这个报复计划前，二人又暗中观察了很久，摸清了玉渊潭龙宫的具体位置，又推算好了龙王的所作所为。

其实，这玉渊潭龙王不是别人，正是东海龙王敖广的儿子，这条龙性格非常残暴，附近的百姓们也是有苦说不出，敢怒不敢言。有些百姓在背地里诅咒它，希望它赶紧去世，然而它得知此事后不仅没有悔改，反而变本加厉，雨季时，马上就唤来了一场大风和一场大雨，把百姓们辛苦种出来的庄稼全冲了。但是，旱季时他却又不这么做了，将所有的降雨全部吸引到了潭里，百姓的庄稼又会因为缺水而旱死。这条龙驱赶姜子牙和他的妹妹所动的手脚还算是最文雅的了。姜子牙认为，这条龙王真是不除不行，于是马上开始行动。

姜子牙找来了数十块巨型石头，这些石头每一块少说都有一万斤，非常沉重。他将这些石头全部压在了龙宫正上方，然后在石头的缝隙中浇上了灰沙，将这些石头铸成了一个整体，堆砌成了一个大台子。这还不算，姜子牙做完这些后又在这大台子上加盖了一座三十多丈高的望海楼，同样如小山般重。做好这一切后，姜子牙便和妹妹一同登上望海楼，在这里垂钓。

这一下子，龙王可倒了大霉，他被上边那泰山般重的大石台和望海楼压得几乎喘不过气来了，因此一直在下边叫骂着。然而姜子牙和妹妹并没有理它，依旧把钓钩甩到水里，悠闲地垂钓着。看到这根钓钩，龙王知道了坐在自己背上的是谁，因此变得更加愤怒了，骂得也更凶了，然而这些都没什么用，姜子牙早就打算为民除害，无论如何也不会把它放出来。

姜子牙死后，望海楼也就倒了，但是这大圆台没有塌，仍然紧紧压着那只恶龙。因为姜子牙曾在这大圆台上垂钓，因此人们便将它称为“钓鱼台”。

灶君庙前的铁狮子

北京有个灶君庙，庙门前有两只铁狮子。一般来说，铁狮子都是用来守护建筑的，但这两只铁狮子却不同，人们都知道它们是这座庙的“铁对儿”，也就是死对头、死仇。这是为什么呢？其实，这些事情还要追溯到很久以前，有一个传说能够解释其中的一切。

灶君庙位于现如今的北京崇文街，当时灶君庙附近的百姓可谓一穷二白，百姓们只能做些手工，制作一些小玩意、小零件来补贴家用。其他神仙都看不上这里，认为这里实在太穷了，香火钱都没有，因此都不喜欢在这里建庙，但是灶君却不这么想，他向玉皇大帝说自己就要在这附近建一座庙。既然有自讨苦吃的，玉皇大帝也就顺水推舟，答应了此事。因此，信灶君的那些有钱人便把灶君庙给盖起来了。

人们见这里有了庙，也不管三七二十一了，马上到这座庙烧香，并且带来自己的供品，祈求灶君能够保佑一方人，让他们脱离贫困。然而，事与愿违，众人拜了很长时间灶君庙，却发现生活没有半点改善，家家户户更是穷得一贫如洗，但是，那些原本就有钱的人家却越来越有钱。人们肯定觉得蹊跷，因此时不时去庙里查看，但是什么蹊跷也看不出来。

就在众人愁眉不展的时候，一个白胡子大爷骑着自己的驴慢悠悠经过这里，逢人便问：“要不要铸点东西？”人们都非常纳闷，一看这大爷，发现他背着一口大锅，显然是一个铸东西的工匠。但是，这里的人们早就一贫如洗，哪还有钱铸东西？于是马上回绝了这大爷的问话。

这大爷笑道：“东西还是要铸的，我就给你们铸两尊铁狮子吧！”

人们这下就不乐意了，心说为了让灶君保佑，我们所有的钱都拿去买香上供添油了，哪还有钱铸两尊铁狮子？大爷笑了笑，并没有说话，骑着驴走了。人们都不知道他葫芦里卖的什么药，也就不再想这件事。

然而第二天，人们想去灶君庙上香的时候却发现灶君庙的庙门前多了两尊铁狮子，想来是那大爷搞的鬼了，然而那个铸铁狮子的大爷已经不见了，看来是不打算向乡亲们要钱，这一下，乡亲们就更纳闷了。第三天晚上，人们在睡梦中听到灶君庙前传来了狮子的吼叫声，因此都吓得冲出屋子，拿起锄头、铁锹等就向着灶君庙冲去。等众人来到灶君庙，发现庙门大开，庙前边散落着一对马骨头，想来是灶君的马已经被铁狮子吃了。

这之后，灶君庙里的灶君像就碎成了片，失去了所有法力，人们再也不用花钱供奉他了。正因为此，这里就成了那些无家可归的人的居所。

由于众人不再花钱供奉灶君，日子一天好过一天，积蓄也慢慢多了起来。人们都说铸铁狮子的人正是鲁班，他见百姓有难便前来解救，派自己的铁狮子吃掉了灶君的马，撵走了不为穷苦百姓办事的灶君。于是，人们便说这两尊铁狮子是灶君的死对头。

锔白塔的传说

北京建造完毕后，一共有九个门，西面这个城门叫作阜成门，又叫“平则门”。这平则门建成距今已经五百余年，但是，人们仍然记得在它建成初期流传下来的一个传说。

平则门中有一寺庙，名曰白塔寺，这个寺院规模很大，院内盖着一座50多米的喇嘛塔，是目前仍然保存的最高的元代喇嘛塔了。这个传说就和这喇嘛塔有关。

其实，这喇嘛塔的历史可谓是坎坷不平，经历了很多次重修，最后一次重修是在乾隆年间。当时的喇嘛塔几乎要倒塌了，整个塔身出现了一道非常大的裂缝，已经摇摇欲坠。如果再有些大风大雨之类，估计这喇嘛塔就保不住了。乾隆听到这个消息之后大惊失色，他是一个爱惜古玩的人，这座元代喇嘛塔他同样非常喜爱，再加上他认为这喇嘛塔所处的方位关乎国运，迷信的乾隆马上下令让人对它进行修整。

然而，过了很长一段时间，这喇嘛塔虽然还没有倒，但是能够担起修葺喇嘛塔重任的人也没有找到，事情就这么僵在了这里。直到有一天，喇嘛塔附近来了一个锔东西的老工匠。一般来说，锔东西的工匠是非常常见的，然而这个老工匠却非常特殊，他只锔大家伙。

那么，什么叫只锔大家伙呢?

有人问他道：“老头，你能锔些什么啊？”

老头说道：“我能锔大家伙。”

“大家伙？”这人有些摸不着头脑，又问，“我这有个酒杯坏了，您能锔一下吗？”

“不锔酒杯，锔大家伙。”

“脸盆呢？”

“不锔脸盆，锔大家伙。”

“大铁锅呢？”

“不锔大铁锅，锔大家伙。”

“酒杯不锔，脸盆不锔，大铁锅也不锔，您这大家伙到底是什么东西啊？您是干吗来的？”

“我来这儿锔大家伙啊，只锔大家伙，别的不锔。”

这可是奇了怪了。因为他的说法，人们都觉得这个老工匠非常有意思，因此成天来问他这个能不能锔那个能不能锔，就为了听他说一句“锔大家伙”。正因为此，他也在这一带出了名了，一说锔东西，人们准能想起这个什么也不锔却带着一套工具的老工匠。

正巧，这喇嘛塔裂了个大口子，众人可就讨论开了，有的说对这塔进行修葺还不如拆了重新盖快一些，有人说这是元朝的古迹不能随便拆，又有人开玩笑说拆不得就给它锔上得了，感觉也比翻修容易。谁知，这个提议“锔喇嘛塔”的人在提到锔的时候，忽然想起了那个锔大家伙的老工匠。他打算逗一逗这个只“锔大家伙”的老工匠，因此把老工匠带到了喇嘛塔前，问道：“您看这塔裂了个口子，您不是说您只锔大家伙吗，这座塔够不够大？”

“够了，够了！”老工匠急忙点了点头。

原本这人以为老工匠会识趣地离开，但谁知老工匠说：“这塔能锔！”

“啊？”那个人一听就愣了，这么大一座塔也能锔？他马上笑道：“老爷子您可别说笑话，如果您真的锔好了这座塔，我和我的工友们就请您喝酒！”

第二天，人们前往喇嘛塔，打算看看这老工匠如何锔这个“大家伙”，可谁知，众人到达喇嘛塔的时候发现它已经被锔好了，上边有好几道光彩绚丽的铁箍，那个老工匠也已经消失。人们都说这老工匠是神仙下凡，也有人说这老工匠是前来搭救众人的鲁班，不过不管怎样，“锔白塔”的传说是流传了下来。

迄今为止，这喇嘛塔上已经没有了铁箍，但是塔身上却有好几圈凸起，诉说着这个非常奇妙的传说。

黑猴儿

北京前门外边有一条名叫“鲜鱼口”的街道，这条街道虽然叫“鲜鱼口”，但是却有很多卖帽子的铺子。和其他地方有所区别的是，这里的帽子铺店门前头都有一个木头制作的黑色猴子雕像，叫作“黑猴儿”，人们都说这黑猴儿是帽子店的幌子。不过这话虽然这么说，但人们都不知道到底这些帽子铺为什么要用这黑猴儿当幌子。

传说在很久以前，西山附近有一猎户，凭借着富饶的西山，猎户家不愁吃穿。等到这家的老猎户去世，他的儿子便接替了父亲的位置，每天上山打猎，将一些资源换成钱补贴家用。然而，人们都知道山林外围大型猎物非常少，一般都是野兔、野鸡之类的，根本无法供养这母子两人。经过了很长一段时间的拮据生活，小伙没了主意，只得决定前往深山碰碰运气。小伙的母亲担心儿子，便打算阻止他：“儿啊，你不能去那深山老林啊，你爹当了一辈子猎人，都没去过那边！”

然而，不去那边寻找机会就等于慢性死亡，于是小伙说道：“富贵险中求，不去看看的话我们的生活就一直会这么拮据。娘您放心，我一定安全回来。”说完之后就准备好了各种武器和吃食，一个人上路了。

然而等他进了山，越过重重险阻，还是只打到了一些小型猎物。如果就这么回去，他肯定是花了时间不讨好，是亏死的买卖，没有办法，他只能继续前进，向更深的山区进发。于是他走啊走，走啊走，终于走到了一座大山面前。这是他从来没有到达过的地方，山峰简直就像是被斧子砍了一刀一样，非常陡峭，中间有一条狭窄的峡谷，黑漆漆的。

小伙想都没有想，直接走了进去。俗话说不入虎穴焉得虎子，他必须要找到些东西才行。然而，就在他走进峡谷不久，就觉得地面震颤了起来，还听到了强烈的风沙声。同时，一股浓厚的尘土也从峡谷中卷了出来。小伙知道这是野兽奔腾扬起的尘土，如果不躲开的话一定会被踩成肉泥，因此急忙让道，躲在了一棵高树上。

果然，过了没多久，他就见狐狸、豹子、狮子、狼等动物惊恐地跑了出来。小伙见此情景自然喜出望外，这些都是上好的猎物啊！不过见此阵仗，后边应该有什么更凶猛的怪物，所以它们才会如此惊慌。小伙便继续观望，搭上弩箭后静静等待。

然而，就在小伙盯着峡谷，打算看看是什么怪物有这么大威慑力的时候，忽然听到树下的动物们呜呜地哭了起来，并且口吐人言："大恩人，请帮助我们！山里的怪物正在追赶我们，求恩人解救我们！"听到动物们说话，小伙也吓了一大跳，心想这事情不简单，于是说道："好，你们赶紧走，我试试能不能拦住它。"

动物们能口吐人言，并且恳求自己的帮助，这让小伙隐隐觉得自己的某个条件非常有优势，不然它们也不会向自己这个人类寻求帮助。想到这里，小伙虽然有些忐忑，还是答应了它们。野兽们见小伙答应，急忙千恩万谢地叩头，飞也似的逃了。

小伙马上在弩箭上涂了毒，等待着凶猛的大怪物。

然而事情的发展出乎了他的意料，最后从谷中出来的并非是想象中的巨兽、怪物，而是一只特别像是猴子的生物。这只生物长相像猴子，但是体型非常小，它的毛皮乌黑浓密，隐隐带着反光，一看就知道不是凡品。小伙隐隐觉得自己应该选它为目标，因此搭上了毒箭，向着黑色猴子射了过去。转眼之间，这黑猴儿便应声倒地。

它虽然能够击败凶猛的动物，但终究抵挡不住速度飞快的毒箭。

小伙等了一阵子，发现黑猴儿果然是死了，这才跳下树来，将它拎起来离开了山林。

他回到家后马上就将黑猴儿的皮剥了下来，打算拿到京城去卖。他的母亲说："儿啊，这东西看起来不像是便宜货，你可别随便就卖给不识货的人。你一定要找识货的，这样不仅能卖好价钱，咱们也能知道它到底是什么动物。"小伙点了点头："好的。"

答应了母亲的话，小伙马上来到了京城。

不出他母亲所料，好多店铺的掌柜都不识货，要么就是嘲笑这毛皮太小，要么就说他的经历不可信，总之就是不给大价钱，不识货。小伙没办

法，只好继续卖。正在他提着毛皮在街上转悠的时候，一个老大爷忽然碰了碰他，小声说道：“小伙子，你这毛皮哪来的？”

小伙子一听老大爷这么问，马上就知道这是个识货之人，便将自己的经历说了。老大爷点了点头，“哦”了一声说道：“难怪难怪，这东西名叫‘墨猱’，可厉害着呢，能吃狮子老虎。你是在暗处偷袭，所以才得了手，不然它要爬上树来，你这小命可玄乎喽。”

小伙子吓得背脊发凉，暗道自己好运气，问道：“大爷，您一看就是识货之人，这毛皮就卖你了。”“别别别，”大爷急忙摆手，“买不起，买不起，这东西贵着呢。这样吧，我给你推荐一位买家吧。”

小伙同意了，老大爷马上带着小伙来到了一位官员家里，将这张毛皮以非常高的价格卖了出去。小伙拿到了大笔钱财，心里自然非常高兴，不禁问道：“大爷，这‘墨猱’的毛皮为何这么贵？”老大爷回答道：“你有所不知，这墨猱本就非常难猎捕，且数量稀少，再加上这皮毛做成帽子后能不沾雨雪，所以是非常珍贵的东西。我跟你说，这大官买了去，自己肯定舍不得用，一定会往上送，转几次手，兴许就到了皇上那里了。”

“大爷您懂得真多。”小伙赞叹道。

“哪里的话，我是一个帽匠，对这方面的知识略懂一二罢了。”听到小伙的真心话，老大爷非常高兴，说道：“这样吧，既然那山里的野兽都跑得没了影，你也别打猎了，跟着我学做帽子吧。以后你出了师，还能自己开个帽店。”

小伙想想也对，于是便拜了老大爷为师，学习制作帽子。很久后，他终于出师，自己开了个帽子铺，但他忘不了用另一种方式帮助过他的黑猴儿“墨猱”，便用木头雕刻了一只墨猱，涂成黑色，摆在店铺前边。人们大都不识货，不知道它是墨猱，只道是个黑猴儿，见小伙摆了“黑猴儿”后生意见好，自己也有样学样，弄了几个黑猴儿摆着。

时间过了一天又一天，这里的帽子铺越来越多，并且每个铺子前都有黑猴儿。

捏面人的来历

捏面人是一种传统工艺，至今已经有几百年的历史了。关于捏面人这种手艺，传说和乾隆年间的大学士刘墉有点关系。

刘墉本是山东人，正因为此，他家里的仆人也有很多是山东人，只因为他上几代在北京做官，因此才搬到了北京。这一天，刘墉家里的刘大厨来了亲戚，这个亲戚姓王，是山东菏泽人，自己在老家那边生活拮据，因此来北京投奔刘大厨，打算在这里谋生。刘大厨自然非常欢迎，便将王亲戚安排在了自己的住所，和自己一起做点零活。

这个王亲戚是个闲不住的主，鬼点子非常多，有一次他在帮刘大厨和面蒸馒头的时候心血来潮，就将面团揉成了各种各样的形状。山东人喜好面食，这种手艺对他来说简直是家常便饭一般简单，桃子、花朵、动物什么的都捏得栩栩如生，蒸出来之后形状依然不变。

等刘大厨将这些馒头端上饭桌，刘府的人们都是赞叹不已，看到这些好看的馒头，人们竟然都不舍得吃它们了。刘墉见家人喜欢，自己心里也高兴，得知是王亲戚做的，之后便将王亲戚夸了一通。听到刘墉对这些吃食大加赞赏，刘大厨也很高兴，将刘墉的话转告给了王亲戚。这王亲戚听到刘墉的夸赞，自然是受到了莫大的鼓励，便找了些糯米粉，捏了很多栩栩如生的小动物分给刘府的内眷，让刘府上下的人都高兴不已。

刘墉见王亲戚心灵手巧，便将他请了过来，问他这些技艺是跟谁学的。王亲戚说道：“山东那边的人穷，过年过节的时候就会用这些便宜的糯米粉捏些面人当作礼品送人，我就是这么学来的这门手艺。”

刘墉又问：“为什么用糯米粉做呢？”

“因为糯米粉不容易放坏，可以保存一段时间。”

刘墉点点头，指着一幅八仙上寿图笑道：“这上边的八仙你能捏出来吗？”

刘墉

“有点难，不过应该是可以的。”王亲戚想了想道。过了三天左右，王亲戚果然将这八仙捏了出来，刘墉看到这八仙之后笑道：“我看你能用这门手艺挣钱了！做好这些就拿到街上叫卖，准保能卖个好价钱！另外，我看这八仙的颜色还有些瑕疵，如果在和面的时候就加上颜色，并在外边涂上蜂蜜，准会好看很多！”

听到刘墉的话，王亲戚忽然开窍了，马上点了点头，回去准备了。过了没两天，他便又做了一批新的八仙，这次的八仙在和面时就上了色，并且涂抹了蜂蜜，用于长期保存。果然，用这种方法做出来的面人更加生动，颜色也更漂亮了。

刘墉见到他的新作品之后先是赞叹了一番，然后说道：“当今万岁马上就要过寿了，中堂我没有那么多钱，送不起大礼，便打算用这面人充当寿礼。你看能不能把这八仙捏大一点，让我送给皇上？”

王亲戚自然满口答应，三天后就将高了不少的八仙面人捏了出来。刘墉点了点头，说道：“好！等皇上寿辰那天，你绝对能出名！”

果不其然，乾隆寿辰的时候，刘墉将面人呈给乾隆后，就听乾隆惊讶道：“刘爱卿，这八仙像可不便宜吧？”听到乾隆的问题后刘墉并没有立即回答，而是伸出了五根手指头。

见到刘墉的手势，乾隆恍然大悟，说道：“原来是五千两啊！”

可谁知刘墉却摇了摇头。

乾隆疑惑了，又问：“难道是五万两？”

刘墉又否认了。

乾隆这下更疑惑了，刚想再问，就听其他大臣等不及了，问道：“可急死我们了，刘大人，您到底花了多少两银子啊？”

刘墉估计自己再卖关子就太不地道了，因此就笑道：“五两。”

“什么？五两？这八仙像？”包括乾隆在内的众人都愣了。

刘墉见人们都不信，只好说道：“皇上，其实这八仙像是用面捏的，自然只有五两。”说完后，他便让太监将八仙像呈给乾隆。乾隆仔细看了看，又捏了一把，这才发现刘墉所言非虚，不禁赞叹道：“哎呀，刘爱卿！这是谁的手艺？做得真不错！”

刘墉急忙道：“回皇上，是臣的一个山东老乡做的。”

乾隆马上赞叹道：“行啊，刘爱卿，你们山东能人真多啊！传令下去，既然是刘爱卿送的大礼，朕自然要加倍赏他！下去吧！”刘墉马上磕头谢恩，回到家把乾隆的赏赐交给了王亲戚，王亲戚便用这些钱办起了自己的小店。

刘墉所说不错，得到了乾隆的赞赏，王亲戚马上就出了名，生意兴隆不说，自己的手艺也慢慢臻至化境。为了不让这门手艺失传，王亲戚便收了很多徒弟，将自己的技艺倾囊相授。就这样，捏面人的手艺便在北京传了下来。

烧卖的传说

正阳门又称前门，位于天安门广场正南。虽然正阳门外的这条大街经过了翻修，但是街道两旁的建筑还是古色古香的传统风格。在这些传统建筑中，有一个卖烧卖的店铺，名叫“都一处”，名气非常大，每天早晨购买烧卖的人都会排成长队，北京城就没有不知道这家店的。

不过，这“都一处”最早期的时候并不叫这个名字，而是叫“王记酒铺”，是一个非常普通的名字，由于乾隆赐名，它才改叫“都一处”。

传说这件事情发生在某一年的大年初一前一天，也就是除夕夜。

临近春节，百姓们都已经将年货置办齐全，就等着在家里团聚吃年夜饭了。然而，王瑞福却依然在他的“王记酒铺”里忙碌着，打算多挣些钱过个好年。然而，他虽然在忙碌，却没有客人来，毕竟人们都在自己家团圆呢，没有人会出来到酒铺吃饭，再加上旁边的店铺已经关张，他这里就显得更加冷清了。

开了半天张，发现没有人来，王瑞福便打算关门走人，回家过年。然而，就在他将要离开时，忽然有三个人走了进来。这三位客人气度不凡，衣着整洁，显然是地位显赫之人。其中一个看样子是另外两个的主人，他走上前来问道：“麻烦掌柜，有什么招牌菜就端上来一些。”“好！”好不容易来了客人，还是贵客，王瑞福自然不敢怠慢，急忙给客人倒了壶好酒，将店里招牌“三鲜烧卖”端了上来。这三位贵客有说有笑，一边吃烧卖一边喝酒，不亦乐乎，显然对这一餐非常满意。

等这三位贵客用完餐后，为首的那个人问王瑞福道：“掌柜，你这个店叫什么？这蒸包又是什么？”

王瑞福急忙回答道：“客官，小店规模不大，没有名字。这蒸包是小店的招牌菜，名叫‘三鲜烧卖’。”这位贵客点了点头，笑道：“掌柜刚才说这小店没名字，那么就叫‘都一处’吧，毕竟这大过年的，整条街，整座都城内就你这店开着。”

掌柜也笑了：“多谢客官赐名。”不过，虽然这么说，他却没怎么上心，这小店很久都没名字，自己也懒得改了。

然而，刚过没几天，王瑞福刚刚带着伙计开了店门准备营业，就听到店外传来一阵喧哗声。王瑞福非常疑惑地出去看了一眼，发现几个太监就站在酒店外边，正等着他呢。这一下把王瑞福吓得够呛，急忙出来迎接。他出了店门，为首的太监马上大声道：“掌柜接旨！”王瑞福听到之后马上跪下领旨，心里不禁害怕起来，担心自己犯了什么事。

这太监见到他害怕的样子却笑了，说道：“当今圣上品尝了你店里的三鲜烧卖后龙颜大悦，特赐店名‘都一处’，还不谢恩？”

王掌柜疑惑地抬起头来，发现两个太监已经将“都一处”的牌子抬了过来。这时，王瑞福才明白，感情大年三十那天晚上是皇上来了，然后赐给了自己一个“都一处”的店名。王掌柜非常高兴地领了旨，谢了恩，等两个太监走后急忙把“都一处”的牌子挂了起来。于是，从这时开始，“王记酒铺”就改叫“都一处”了。

不过王瑞福觉得只有这块牌匾还不够显示小店的“与众不同”，因此就将乾隆坐过的凳子围起了黄绸，供了起来，并且从这时起就不再打扫乾隆从大门进来到楼上这一段路，让它一直保持原样，当然这也只能是想想了。这条道人们走得多了，鞋上的土就一直存了下来，最后竟然积聚成了一道梗。王瑞福并没有去掉这个梗，而是将其称作“土龙”。

饹炸盒

清朝末期，政府贪污腐败非常严重，导致百姓生活极其贫苦。老百姓平常的日子吃不到鸡鸭鱼肉也还罢了，过年的时候同样只能吃杂粮。有一些人为了在过年的时候换换口味，便想出了“饹炸盒”这种食物。虽然这饹炸盒是一种素食，它的出现却引起了一阵轰动，成为风靡北京城的食品。

其实说白了，它就是一种豆制品，先将绿豆去皮泡好，磨成豆浆，制成淀粉，然后将淀粉兑水调成糊，放入锅中摊成片，趁热卷成卷，切成段，放入油锅中炸至金黄酥脆即可。它能够使用的配料多种多样，肉馅、蔬菜等都可以卷在这样的淀粉卷中，味道非常不错。

虽然不知道到底是哪个高人发明了它，人们却依然记载了关于它名字的传说。

传说在同治年间，慈禧太后在“吃”这方面可谓是非常讲究，吃的菜种类很多，但是一般只吃两口，吃完就要将剩下的端走，再换一盘新的，非常铺张浪费。为了讨好慈禧，人们经常将自己认为的美味送到她面前，请她品尝。这一天，有一个太监因机缘巧合，吃到了饹炸盒，之后便觉得这小吃味道非常不错，便向慈禧推荐了它，并且从宫外带了几个进献给她。

慈禧有个毛病，吃之前先问菜名。这一次她也同样如此：“这是什么菜呀？”

这个太监急忙回道：“小的实在不知，因为这道菜还没有名字。希望老佛爷能给它起个名字。”

听到回答之后，慈禧也就不再多问，夹起一个吃了，之后又夹起吃了一个。按理来说，慈禧吃两口之后就不吃了，谁承想她觉得这小点心味道不错，便对太监说：“搁着吧。”意思是说不用再端走了，就放在这儿继续吃。然而这太监听到这句话，还以为慈禧给食物起了名字呢，马上就高兴地对下边的人说："传令下去，老佛爷给这道菜起名字了，叫饹炸盒。"他倒是没听清楚慈禧的话，只听了个谐音，于是，这饹炸盒的名字就传开了。

慈禧太后

艾窝窝

艾窝窝是一种非常美味的糯米制小吃，只要是来到了北京，人们大都要尝尝它。这种小吃在春节前后销售非常火热，小吃店一般都会卖，直到秋天来临，它才慢慢下市，可以说是能够红火两个季度的美味了。

这种食物的历史非常悠久，明朝万历年间的典籍《酌中志》中曾记载："以糯米夹芝麻为凉糕，丸而馅之为窝窝，即古之'不落夹'是也。"从中可以看出，这种小吃是用糯米为主原料、芝麻为辅原料，是一种苏式小吃。

据说这种小吃是维吾尔族人发明的。乾隆二十三年（1758），清朝政府在伊帕尔汗家族的帮助下发兵平定了和卓木叛乱，这个家族也因此立下了大功，在乾隆二十五年（1760）应诏进宫。其实，将这个家族的人召进宫来不仅是因为他们家族有大功，还因为伊帕尔汗样貌出众，身体带有特殊香气，让乾隆非常喜欢。

伊帕尔汗来到皇宫后，先是做了贵人，然后便被封为容妃，由于她体有香气，所以又叫香妃。

乾隆非常喜欢香妃，便非常尊重她的生活习惯。然而，香妃心里只想着自己未入宫前的丈夫，茶饭不思，身体瘦了一圈。乾隆不知道这些，还以为是御膳房的食物不合口味，因此马上下令给御膳房，说只要能做出香妃喜欢的饭菜，必有重赏。

重赏之下必有勇夫。御膳房的人都拿出了自己的真功夫，做遍了山珍海味，然而香妃仍然是老样子，一点儿也不吃。乾隆没有办法，只能让她的家乡人给她做菜，送到宫中。

自从香妃被召进宫，香妃的丈夫艾买提就非常想念她，不畏遥远从新疆赶到了北京。正巧，他听到乾隆正在找香妃的家乡人做厨子，他马上跑去应聘，做了香妃曾经最喜欢吃的江米团子。这种团子是艾买提特地为香妃发明出来的，因此，香妃见到这种江米团子之后肯定会知道艾买提来看她了。

江米团子马上就做好了，艾买提迅速带着它们赶到了皇宫。这时，太监拦住了他，问他这食物叫什么。艾买提想了想自己的名字，便说道：“这东西叫艾窝窝”。

宫女将艾窝窝拿去给香妃品尝，香妃一眼就看出这是她丈夫的手艺，于是本来难过不已的心情也稍稍好转，觉得不能让自己的丈夫替自己担心，就拿起艾窝窝吃掉了。宫女见她终于吃了东西，马上就报告给了乾隆。乾隆听后大喜，马上让宫里的维吾尔族厨师制作艾窝窝给她吃。

久而久之，这艾窝窝就成了宫廷的名点。有民谣曰：“白黏江米入蒸锅，什锦馅儿粉面搓。浑似汤圆不待煮，清真唤作艾窝窝。”